JN033579

都市経営研究叢書 5

大都市制度をめぐる論点と政策検証

五石敬路［編］

日本評論社

『都市経営研究叢書シリーズ』刊行にあたって

21世紀はアジア・ラテンアメリカ・中東・アフリカの都市化と経済発展の時代であり、世界的には、人類の過半が都市に住む都市の時代が到来しています。

ところが、「人口消滅都市（※注）」などの警鐘が鳴らされているように、逆に先進国都市では、人口の減少、高齢化、グローバル化による産業の空洞化が同時進展し、都市における公共部門やビジネス等の活動の課題はますます複雑になっています。なぜなら、高齢化等により医療・福祉などの公共需要はますます増大するにもかかわらず、人口減少・産業の空洞化が同時進行し、財政が緊迫するからです。

※注：2014年に日本創成会議（増田寛也座長）が提唱した概念

このため、これからは都市の行政、ビジネス、非営利活動のあらゆる分野で、スマート（賢く）でクリエイティブ（創造的）な課題解決が求められるようになります。人口減少と高齢化の時代には、高付加価値・コストパフォーマンスの高いまちづくりや公民連携（PPPやPFI）が不可欠です。今後重要性の高い、効果的なまちづくりや政策分析、地域再生手法を研究する必要があります。また、人口減少と高齢化の時代には、地方自治体の行政運営の仕方、ガバナンスの課題が大変重要になってきます。限られた財政下で最大の効果を上げる行政を納税者に納得して進めていくためにも、合意形成のあり方、市民参画、ガバメント（政府）からガバナンス（運営と統治）への考え方の転換、NPOなどの新しい公共、そして法や制度の設計を研究する必要があります。また、産業の空洞化に対抗するためには、新産業の振興、産業構造の高度化が不可欠であり、特に、AIなどのICT技術の急速な進歩に対応し、都市を活性化する中小・ベンチャーの経営革新により、都市型のビジネスをおこす研究が必要です。一方、高齢化社会の到来で、医療・社会福祉・非営利サービス需要はますます増大いたしますが、これらを限られた財政下で整備するためにも、医療・福祉のより効率的で効果的な経営や倫理を研究し、イノベーションをおこさないといけません。

これらから、現代社会において、都市経営という概念、特に、これまでの既存の概念に加え、産業や組織の革新（イノベーション）と持続可能性（サステイナビリティ）というコンセプトを重視した都市経営が必要となってきています。

このために、都市経営の基礎となるまちづくり、公共政策・産業政策・経済分析や、都市経営のための地方自治体の行政改革・ガバナンス、都市を活性化する中小ベンチャーの企業経営革新やICT化、医療・福祉の経営革新等の都市経営の諸課題について、都市を支える行政、NPO、プランナー、ビジネス、医療・福祉活動等の主要なセクターに属する人々が、自らの現場で抱えている都市経営の諸課題を、経済・経営・政策・法/行政・地域などの視点から、都市のイノベーションとサステイナビリティを踏まえて解決できるように、大阪市立大学は、指導的人材やプロフェッショナル/実務的研究者を養成する新しい大学院として都市経営研究科を、2018年（平成30年）4月に開設いたしました。

その新しい時代に求められる教程を想定するとともに、広く都市経営に関わる諸科学に携わる方々や、学ばれる方々に供するため、ここに、『都市経営研究叢書』を刊行いたします。

都市経営研究科 開設準備委員会委員長　桐山 孝信

都市経営研究科 初代研究科長　小長谷 一之

はじめに

本書は、大阪市立大学大学院都市経営研究科による都市経営研究叢書シリーズ第5巻である。テーマは「大都市制度をめぐる論点と政策検証」として、大都市制度を広域の視点、住民の生活の視点から論じる。

都市経営研究科は社会人大学院であり、筆者が主に教える都市行政コースの院生には地方公務員や地方議会議員が多い。本書の執筆陣は、修士課程の修了生が4名執筆しているとともに、本研究科、およびワークショップで講義いただいた講師の方々から構成されている。本書の全体を通じて、大都市制度の改革案にはさまざまなオプションがあることを示していきたい。

本書の概要

大都市では、成長にともなって、従来の行政、制度では対応できない課題が生じる。一方で、住民の生活、通勤・通学や事業者の経済活動が広域化し、都市圏が拡大するのにともなって、道路や水道等の生活インフラ、港湾・空港等の広域交通拠点等の設置、管理・運営が従来の行政の仕組みでは追いつかなくなるという、広域の課題が生じる。また一方では、人口増加にともない住民一人一人の声が行政に届きにくくなり、人口密集により生活環境が悪化するという住民自治やまちづくりの課題に対しても対応が求められてくる。いわば、広域のベクトルと生活のベクトルの両方への目配りが必要である（図1を参照）。これを団体自治と住民自治の問題といい換えてもよい（西尾 2013）。

このうち広域のベクトルについては、大まかにいって、2種類の対応方法が考えられる。

ひとつは、都市圏の拡大に合わせて行政区域も拡大するという考えである。歴史的に見ても、戦前の東京市は1932年（昭和7年）にそれま

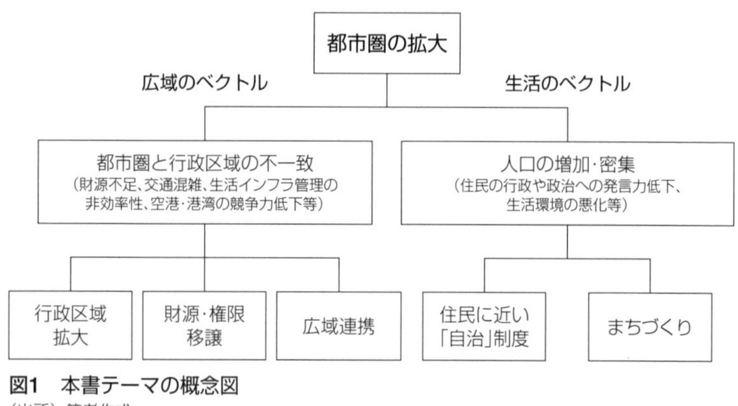

図1　本書テーマの概念図
（出所）筆者作成

での15区から周辺5郡82町村を東京市に編入し35区となっているし、大阪市に至っては市制が施行された1889年（明治32年）当時は現在の北区、福島区、中央区、西区の一部のみで面積は15.27㎢であったものが、その後市域を拡張し、現在は24区、面積は225.3㎢に達している。

もうひとつは、行政区域はそのままにして、必要な事業、施策の領域に限った広域連携を行うという考えである。地方自治法上における広域連携の制度として一部事務組合や広域連合等があり、大都市における広域のインフラ整備の根拠法として大都市圏整備法（首都圏整備法・近畿圏整備法・中部圏開発整備法）等がある。また、高度成長期における都市部への急激な人口流入に対応するため、日本住宅公団（現 都市再生機構）は既存の行政区域を超えた課題に対応するために設立されたものである（東京市政調査会 2005; 伊藤 2015)。OECD (2015) は、世界の大都市圏において、土地計画や交通サービス等の広域連携組織（metropolitan governance bodies）がある場合に、スプロール化が緩和され、環境改善が見られたという研究結果を紹介している。

都市経済学的にいえば、昼間人口比率が高い大都市は財源不足に陥りやすい。人口が集中すると道路、地下鉄、公共施設等のハードのインフラ整備に対するニーズが高まり、整備が進むほど都市郊外から通勤や通学で人が集まるが、そうした人々は居住地が都市郊外にあるので税金を都市に落とさない、いわばフリーライダー的な存在になるからである(Prager and Thisse 2012: pp.88-89)。日本の場合、政令市の市民も都道府県民税を支払うが、戦後しばらくは地方自治法上の制度であった「特別市」であれば、これを市の財源とすることができた(1956年〔昭和31年〕の地方自治法改正により、特別市制度は廃止され、その代わりに政令市制度が導入された)。今日でも、横浜市をはじめとした政令市が主張としている「特別自治市」は、現在は都道府県の歳入としている税収を市のものにしようとするものである。

一方、生活のベクトルについては、人口の増加や密集にともなう対応としてはさまざまな制度や事業等が含まれるが、ここでは、大まかに2つをピックアップした。ひとつは、人口が増加することにより住民は政治や行政への発言力を低下させるので(端的には選挙における一票の重みが小さくなる)、それを防ぎ、改善するための措置である。行政制度としては、戦後、東京都では特別区の23区が自治権回復、事務権限拡張運動を繰り広げてきた歴史があり(大杉 2020)、2016年(平成28年)には、「大阪維新の会」の働きかけ等により、地方自治法が改正され、総合区制度が新たに創設された(岩崎 2020)。

また、より住民に近いコミュニティレベルでは、マンションの増加等により従来の町会組織の加入率が下がり、それに代わるコミュニティ組織の試みが各地でなされている。たとえば、1970年代以降は三鷹市に代表されるコミュニティセンターの取り組みがよく知られているが、近年では、横浜市のリビングラボ、大阪市の地域活動協議会等の新しい試みも見られる。

こうしたコミュニティレベルでの運動や組織は、同時にまちづくりの主体でもあった。また、まちづくりという視点から見れば、こうした分野横断的な取り組みとともに、都市計画、福祉、防災等といったテーマ別の動きも活発であった。都市計画の分野では、景観整備、屋外広告物の管理、歴史的なまちづくり等が法制度整備とともに各地で取り組まれ、福祉の分野では、子育て、虐待、介護、生活困窮者等の支援のために多様なネットワークが形成され、防災分野では、地域における普段の準備がいざという時に重要であることが広く認識されるようになった。

各章の概要

本書における第１章から第３章は、図１のうち「都市圏と行政区域の不一致」に関連したテーマを扱っている。このうち第１章は、財政データの分析により、日本の地方交付税制度が大都市に不利な仕組みになっており、特に土木関係の歳出が多いことを明らかにしている。つまり、先述したような大都市特有の財源不足問題を、現行の地方財政制度は十分にカバーしていないというのである。

第２章は、首都圏、中京圏、近畿圏を対象に、大都市（特別区、名古屋市、大阪市）と広域自治体（東京都、愛知県、大阪府）の双方の歳入、歳出を項目別に分析し、大都市における財政がひっ迫、硬直化している状況を詳細に検討する。その結果、筆者によれば、大都市と広域自治体の関係を整理したとしても、また国と地方自治体とが綱引きをしたとしても、問題は解決しないと言う。

第１章と第２章では、どちらも、大都市特有のニーズのために財源が不足しがちであり、この問題は現行の地方交付税等では十分に対処できていない点が指摘されている。さまざまに提案、議論されている大都市行政改革案がよいものかどうかを市民が判断するメルクマールとして、その改革案が果たして大都市の財政問題に対処しようとしているかどうかが重要だということを物語っている。

第３章は、広域自治体と政令市の「二重行政」問題を扱っている。しばしば、現在の自治制度では大都市行政としての一体性がないという批判がなされるが、それは事実として誤っているものの、競合する場面があったこともまた否定できないと言う。そこで、「特定目的の地方政府」制度が代替案として示される[1)]。

第１章と第３章は現状の大都市制度に対する問題意識は類似しているといえる。たとえば、どちらも、現在の中央政府と自治体の関係が「融合型」になっている点に問題の根源を見出している。しかし、その改革のための方向性が大きく異なっている点に注目いただきたい。第1章は、「融合型」を前提として、特定の行政課題に特化した広域自治体の設置を提案し、第3章は、「集権融合型」から「分権分離型」に改革した上で、新たな「大括り」の広域自治体の設置を提案している。

次に、第4章から第5章までは、大都市制度改革のオプションのひとつとして、広域連携を論じる。

第4章では、世界各都市における空港の運営形態の変化に着目しつつ、政府や地方自治体が中長期的な構想に基づき、空港周辺を開発する計画である「エアロトロポリス」(Aerotropolis) という新しいコンセプトを紹介している。今や、都市が空港を設置するのではない。むしろ、空港が都市圏を形成するのだと言う。

第5章は、大都市部における水道事業が広域連携や民営化により本当に効率化できるかどうかを、独自にアンケート調査等から得られたパネルデータを用いて分析している。地理的に接しているのにかかわらず、自治体別に所管が分かれる水道事業は、広域化が求められる典型的な例であろう。

第6章は、自治体の行政区域を変えることにより財政上の効率化が本当にはかれるのかどうかを、平成の市町村合併を事例に実証分析したものである。政府は合併を促進するために、合併特例債と普通交付税の算定替という財政上のインセンティブを用意した。この策が効率性にどのように影響したかが争点になる。

第7章は、図1における「生活のベクトル」に関連したテーマを扱っている。近年、町内会等に代わり地域課題を解決する地域運営組織 (RMO) に期待が集まっているが、その活動拠点としての公民館やコミュニティセンターがそもそも必要なのか、という問題提起を行っている。その際に、松下圭一氏らの議論を「公民館不要論」とし、公民館を必要だとする議論とともに比較検証し、実は、双方とも同様に現在では成立しないと論じている。

コラムでも「生活のベクトル」に関連した論点を紹介している。それは、人口減少、温暖化等といった大きな社会変化に対応した都市の交通、居住環境、持続性に関する問題である。そして、今後の都市基盤の整備・運営の方法として、多主体連携によるエリアマネジメントという近年の新しい取り組みが紹介されている。

経済と生活のバランスの必要性

ヨーロッパの都市で生活すると、地下鉄、トラム、バス等の都市交通の利用のしやすさ、歩行者中心のまちづくり、公園や緑の多さに気づかされる。ヨーロッパの諸都市もかつては産業革命以来の工業中心の町、あるいは鉄とコンクリートの町であったが、近年では、大きく様相を変えており、そしてこれが都市の魅力となり、人々を引き付けている。対して日本の都市はどうだろうか。

ここではエビデンスをひとつ紹介しておきたい。従来、都市の緑の多さは、各国の定義等の違いにより、なかなか国際比較が難しかった。しかし、近年では衛星画像をネット上で容易に取得、分析できるようになった。図2は、衛星画像を無償で提供し、分析ツールを提供しているGoogle Earth Engine Code Editorを利用し、ランドサットの衛星画像から世界の主要都市における緑の多さをわかりやすく見える化したものである。東京、大阪は顕著に緑が少ない。大阪に比べ東京は都市公園が多く、緑も多いという印象を受けるが、国際的に見れば、東京も緑が少ない。かつての工業都市マンチェスターや、鉄のまちといわれたピッツバーグと比べても、少ないのである。日本の大都市はいまだに20世紀型の自動車中心の都市像から脱し切っていないのではないか。大都市制度を論じる際、経済に関連した「広域のベクトル」とともに、「生活のベクトル」にも配慮したバランスのある議論が求められる。

五石敬路

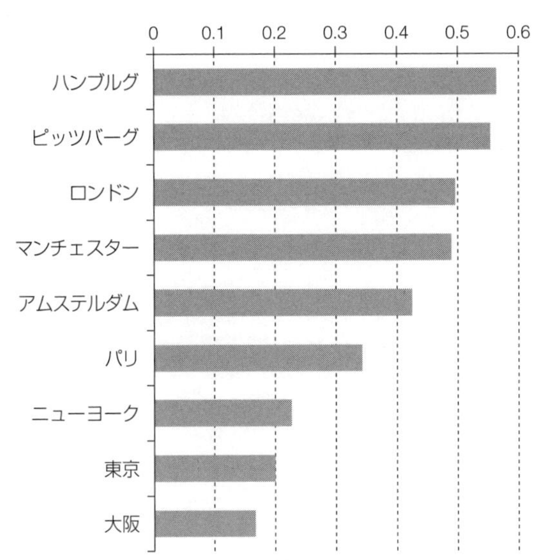

図2　世界各都市の緑の割合（NDVI（注）平均値）

（注）Normalized Difference Vegetation Index の略。日本語では「正規化植生指数」。植物の光の反射、吸収の特性を利用して、植生の分布を -1 ～ 1 の範囲の数値で表す

（出所）Google Earth Engine Code Editor（https://code.earthengine.google.com/）で筆者作成。衛星画像は LANDSAT/LC08/C01/T1_32DAY_NDVI、対象期間は 2019 年 1 月 1 日から 2019 年 12 月 31 日まで、各都市の行政区域は GADM maps and data（https://gadm.org/）の shapefile を使用

注

1）「特定目的の地方政府」とは、米国で典型的に見られる制度だが、独自の財源を用いて、特定の公共施設・サービスを提供する自治団体である（保井・大西 1999）。その代表的な事例として、学校区、港湾地区、公共交通地区のほか、まちづくりや地域活性化を目的とした BID（Business Improvement District）がある。BID についてはコラムを参照。

参考文献

伊藤正次（2015）「自治体間連携の時代？―歴史的文脈を解きほぐす」『都市問題』2015 年 2 月号、48-57 頁

岩崎恭典（2020）「大都市における区の位置付け―行政区、特別区、総合区」『都市問題』2020 年 6 月号、48-56 頁

大杉覚（2020）「自治権「回復」と事務権限「拡張」をめぐる特別区の歩み」『都市問題』2020 年 6 月号、57-67 頁

東京市政調査会（2005）『東京圏の広域連携―その到達点と将来像』

西尾勝（2013）『自治・分権再考』ぎょうせい

保井美樹・大西隆（1999）「米国「特別区」の分析を通じた市町村を補完するまちづくりの公的主体の仕組に関する研究」『2001 年度 第 36 回日本都市計画学会学術研究論文集』37-42 頁

Prager, J.-C. and Thisse, J.-F.（2012）“*Economic Geography and the Unequal Development of Regions*,” Routledge

OECD（2015）“*The Metropolitan Century: Understanding urbanisation and its consequences*”,

目　次

第１章

日本の地方自治と大都市問題

Ⅰ．研究背景

大都市制度とは、社会経済文化的な空間実態としての大都市そのものではなく、大都市という社会的環境に対応して設定されている政治・行政上の政府組織と、それが対応している大都市という社会的環境から構成されているシステムであり（水口 2007)、大都市社会という環境と、それを課業環境とする大都市政府という組織とを合わせた組み合わせである（金井 2012）と考えられる。

そうした概念からも、都市という社会環境と組織の組み合わせにより、大都市制度は定義されるべきと考えられるが、「都市区域と行政区画に対して、一致させるべきという伝統的な考えの中、大都市においては、都市化の進展の中でこの考えが通用するのかどうか研究者においても対立が続いている」（西尾 2012）と指摘されるように、大都市の社会実態としては、空間的にはどの範囲までが都市かは判然としておらず、大都市の空間的確定が困難であるから、空間的分業を前提とする大都市制度も、把握しづらいものになっている（金井 1998)。

このように、都市や行政区域の在り方は、長きに渡り議論され、都市制度はさまざまな変遷を経たが、1956 年（昭和 31 年）に公布された政令指定都市制度も「五大市と五大府県の妥協の産物であるという沿革を有する」（大都市にふさわしい行財政制度のあり方懇話会 2009）と揶揄されるように、大都市・府県の双方にとって、最適な都市制度というにはほど遠い状況だといえる。

このような潜在的な広域行政体と大都市との対立が根深く残る中でも、指定都市制度創設以降50年以上にわたり大都市制度の基本的な枠組みは変更されてこなかった。これが、都道府県と政令市の間に事務の重複や事務の調整不足を生じさせ、財源不足の要因になったのではないか。本章は、明治以降における都市制度の変遷や、自治論に関する先行研究、自治体財政等にも着目しながら、大都市行政に特有の財政問題が発生する理由を明確にするとともに、あるべき地方自治の在り方を考察した。

Ⅱ. 大都市制度の変遷

まずは現行の大都市制度とりわけ政令指定都市制度の成り立ちを見ることで、制度採用の理由や大都市問題が発生した経緯を見る。

1. 大都市制度の沿革

わが国の地方自治制度は、画一的に都道府県と市町村という2層制の構造をとっているが、大都市制度に関しては、大都市特有の問題を解決する必要から、首都東京における「都区制度」と「政令指定都市制度」という2つの制度を採用している。大都市に特別の制度を設ける必要があるという議論は、遠く市政制定(1888〔明治21〕年)当時から行われていた。しかし、戦前は「六大都市行政監督ニ関スル法律」(1922〔大正11〕年)により、六大都市(東京・横浜・名古屋・京都・大阪・神戸)に対する監督権の緩和が図られた程度であった。

戦後においては、地方自治法の制定に際して、大都市行政の特殊性に対応する制度として、五大市(横浜・名古屋・京都・大阪・神戸)を府県の区域外に独立させ府県と同等の権能を認める「特別市」の制度が設けられたが、この特別市の実現をめぐって五大市とこれを含む五府県との間に激しい論議が行われ、この対立の結果、妥協の産物として政令指定都市制度が生まれた。

政令指定都市制度は、「政令で指定する人口50万人以上」の市について、大都市行政に係る所定の事務権限を道府県から市に法に基づいて移譲する（大都市特例）ものであり、地方自治法に基づく大都市特例や、その他個別法で事務が定められ、これらの面で市が道府県並みの権能をもつものと、説明されている。

しかし、1956年（昭和31年）の制度創設以降50年以上にわたり制度の基本的な枠組みは変更されておらず、もともと五大都市を対象に創設された政令市制度が、今日の大都市行政の要請に適切に対応しているかどうかについては、さまざまな観点から議論があるため、まずは大都市制度変遷における歴史的経緯を見てみる。

(1) 都市制度沿革の概要

大杉（2011）は大都市の歴史的系譜として、戦前からの都市制度変遷を、以下のように分けている。

①郡区町村編成法（1878年〔明治11年〕）での区
②市制町村制（1888年〔明治21年〕）と三市特例（1889年〔同22年〕）
③三市特例廃止（1898年〔明治31年〕）と法人区の設置（1911年〔同44年〕）
④六大都市行政監督法（1922年〔大正11年〕）と特別市運動
⑤東京都政（1943年〔昭和18年〕）
⑥地方自治法（1947年〔昭和22年〕）と特別市制度
⑦地方自治法改正（1956年〔昭和31年〕）と政令指定都市制度の創設（特別市制度の廃止）

まず、1878年（明治11年）の「郡区町村編成法」において、三府五港といわれた地域で、大都市制度の萌芽ともいえる、独立した自治体である区が府の直接の監督下におかれ、その後、1888年（同21年）に「市制町村制」が公布されるが、それと同時に設けられた特例法において、東京都、京都府、大阪府の官選知事が、東京市、京都市、大阪市の市長をそれぞれ代行することが定められた。

これに三市は強く反発し、同法は施行後わずか10年で廃止されてしまい、その後は、三市に横浜市、名古屋市、神戸市が加わり六大市体制となるが、1943年（昭和18年）、首都防衛の強化を図る観点から、東京市と東京府は廃止され、東京都が設置されることとなる。

そして1947年（昭和22年）の地方自治法改正においては、東京を除いた五大市を対象に「特別市」制度が新たに設けられる。この特別市制度は、特別市を都道府県の区域外に独立させ、府県と市とを合わせた地位及び権限を持たせる（地方自治法第264条第1項、特別市制度の廃止に伴い削除）ことを特徴としていた。

しかし、これに対し五大市が属する府県は、その空洞化を懸念し激しく反発し、その結果、この特別市制度は実施されることなく廃止に追い込まれ、その代わりに創設されたのが「指定都市」制度であった。

特別市制度と比較すると、その市域が道府県に包含されること、また権限はあくまで道府県から一部移譲されるものである点に特徴がある。

2．特別市制度への動きと、政令指定都市制度への帰結

大都市は府県からの独立や権限拡充を目指し特別市運動を展開しながらも、なぜ妥協の産物たる政令指定都市制度に帰結したのか考察する。

まず三市特例以降、「六大都市行政監督に関する法律」の制定による知事の認可が不要となったことなど、大都市への権限強化や自治権拡充を求める都市側の動きの中、六大都市事務協議会などを設置した大都市は戦前においても特別市を目指したことがあり、金井（2012）によると、六大都市は近代化・都市化を経て行政能力が蓄積し、官僚制が整備されていく中で、大都市を府県から独立させ、府県の任務も合わせて特別市が一元的に担う構想である特別市運動を展開するが、これには以下3つの意義があったとしている。

ⅰ．分権性（国の出先機関である府県からの市の独立）
ⅱ．大規模性（事務／権限配分に際しての行政能力の所在）
ⅲ．都市政策性（産業化や工業偏重に伴う都市問題への対応）

この3つの意義が混然一体となって主張されていたが、「特別市制論は、分権性・大規模性・都市政策性を持つがゆえに、戦前日本国政の了解するところとならなかった」（赤木 1977）とされており、金井（2012）は、「国政が都市政策を重視しないならば大都市にもそれを展開させるような制度改革はしないうえ、規模能力のゆえに府県の任務を担うという特別市は、それゆえにこそ国政にとって危険である。能力のないところに分権化しても国政への脅威にはならないが、能力のある大都市に分権化するのは国政への脅威だからである。府県レベルを官治したい戦前国政は、特別市制度を認めることはあり得なかった」とまとめている。

そして戦後まもなく、民主化改革の中で都道府県の自治体化や知事の公選化などとともに新しい大都市制度が模索され（松藤 2010）、戦前からの特別市運動を展開した五大都市による府県からの独立の要望書や「特別市法案」（暫定）の共同発表がなされ、それに呼応する形での地方制度調査会の「五大都市は概ね府県と同等の実力を具有する」とした答申などを経て、1947年（昭和22年）の日本国憲法に合わせて、施行された地方自治法に、府県からの独立を制度化した「特別市制度」に関する規定が盛り込まれた。

しかし、地方自治法第265条2項において、個々の特別市の指定は特別法によるものとされ、日本国憲法第95条の住民投票の手続きが必要であり、当初、住民投票の対象範囲については当該「特別市民」であるとの政府見解が公表されていたが、法令には規定されていなかった。

五大市が位置する五大府県側は、その点に着目し、特別市指定の法律に必要な住民投票の対象範囲は当該「府県民」であるとの解釈を展開し、その結果、同年7月には政府側の解釈が変更され、12月の法改正では住民投票の対象範囲が当該「府県民」と明記された。こうして、特別市運動に対する府県側からの抵抗により、特別市制度は法的枠組みとして明示されながらも骨抜きにされてしまった（天川 2006）。

その後も、府県側と五大市の激しい対立は繰り返されたものの、元来、特別市制度論は、1. 分権性、2. 大規模性、3. 都市政策性の三位一体の構想であったため、特別市制の実現は分権化の先鋒としての意義と正当化理由を喪失していた。

なぜなら、国の出先機関である府県から事務権限を奪取することは分権化であるが、戦後の分権改革によって既に自治体化した府県から事務・権限を委譲されても、自治体としての事務・権限が増えるわけではなく、単に、自治体間の事務配分問題にすぎなくなるからである（金井2012）。

国の権限を大都市地域だけ、大都市自治体に委譲することは容易ではないが、すでに全国的に自治体としての道府県の権限となったものを、大都市自治体に委譲することは、国にとっては重大な問題ではないため、このことは同時に「特別市」制的なるものを国が許容し得る余地を生むことになった。

そこで五大都市が仕事を求めるならば解決の余地があるとして、政令指定都市制度という妥協が成立した（金井 2012）。1955年（昭和30年）に指定都市制度の創設に向けて地方自治法改正案が国会に提出され、翌年公布されるとともに、大都市特例の条項による指定都市制度の創設に伴い、特別市制度の条項は削除されるに至った。

こうして政令で定めた大都市は「実質的には府県から自律的に事務処理を行いうるが、府県の域内にとどまる」という政令指定都市制度が誕生したわけであり、つまり大都市においては広域自治体である府県からの完全独立を制度的には認めなかったが、個々の事務処理において特例を認めることで、実質的には府県から自律的に行政を展開しうる「制度的なゆとり（リダンダンシー）」を認めた。いわば妥協的な手法で大都市を統治しようとしたのである（北村 2013）。

その後は1963年（昭和38年）の北九州市を皮切りに、2012年（平成24年）の熊本市の参入によって20を数えるようになった政令指定都市は、そこに至る変遷において、当初の五大都市を想定した大都市を統治する制度としての政令指定都市の性格は薄れ、農村部を広く有することなど、多様な自治体を包含する制度となり、当初の大都市が求めた都市政策性が脱落した結果、大規模性だけが残り、大都市における制度というより、大規模団体における自治制度に変容したと考える。

20政令指定都市の中には、過疎地域を抱えた都市や東京都特別区よりも小さな都市も存在しており、政令指定都市といっても、もはや百万都市でもなければ、地域の拠点でもない都市まで含まれている（北村2013）。

3．まとめ

経緯で示したように、政令指定都市制度は、特別市制度を導入する代わりに、事務配分方式で妥協するものであり、まさに「妥協の産物」という表現がふさわしいといえる。

こうした妥協の産物により、府県と大都市の事務配分に帰着し、かつ府県から自律的に行政を展開しうる「制度的なゆとり」を認めたことが、その後の「二重行政」や「二元行政」という環境を生んだ可能性がある。

地方制度調査会により「概ね府県と同等の実力を具有する」とされた大都市においては、実力や財力を備える故、「制度的なゆとり」の範囲において、都道府県並みの事務の執行を可能とし、その結果として、かつ都道府県と事務の重複や、事務の調整不足を生み、それに伴う財源の措置不足を発生させたともいえ、そもそもの「実力」や「制度的ゆとり」に対する、事務の枠組みや財源の措置が不明確なまま制度が続いていることが、大都市問題の発生要因と見える。

この不明確な制度の改革がなされないまま、指定都市制度は当初の五大都市を念頭にした大都市制度から単に人口要件だけ満たせばよいという、大規模団体における自治制度に変容したため、「都市の昇格メカニズムには降格という概念が存在せず、この制度設計により、その後、基準を満たさなくなった都市が存在し続けることも許容されている。そうした政令市を頂点とした日本の大都市制度とは制度と実態とのかい離が生み出される構造下にある」（爲我井 2014）とされるように、実態的な制度的瑕疵が解消されない歪なものとなっている。

Ⅲ．先行研究における日本の地方自治の考察

1．地方自治における「団体自治」と「住民自治」

次に、日本の地方自治制度における大都市問題から、あるべき都市制度の提言を行うにあたり、「自治」そのものの定義を明瞭化すべく、先行研究に基づき整理する。

まず、地方自治には、地方公共団体による自律的な行政を行う「団体自治」と住民自らが自己統治の実現を行う「住民自治」の両面があるといわれており、法律用語辞典では、団体自治＝一致の地域を基礎とする国から独立した団体（自治体等）を設け、この団体の権限と責任において地域の行政を処理する原則とあり、住民自治＝地方における行政を行う場合にその地方の住民の意思と責任に基づいて処理するとする原則とある。

このように自治という言葉には複数の意味があるが、地方自治に関して、西尾（2007）は、「地方分権の推進とは、自治体の自律的領域（団体自治）の拡充である。…（中略）…これに対して、地方自治の拡充とは、自治体における自己統治（住民自治）の拡充である」としている。

つまり、国や地方政府の制度論や事務の在り方というものは、自律的領域の確定であり、本研究では、大都市制度の課題から地方自治のあるべき姿を模索するため、本書での自治の概念は「団体自治」を前提とし、地方自治や大都市制度の在り方を分析する。

2．日本の地方自治モデル

西尾（2007）では、日本の地方自治制度は、天川晃の類型論に依拠すると、「集権・分権」「融合・分離」の両軸を組み合わせた類型区分において、集権融合型の特徴を維持してきていると規定している。

具体的には、図1-1のように「国の事務」と分類される行政サービス提供業務が多いほど集権型、「自治体の事務」とされる行政サービス提供業務が多いほど分権型としている。そして、国と自治体の任務の分担関係が整然と切り分けられている度合いが強いほど分離型、これとは逆

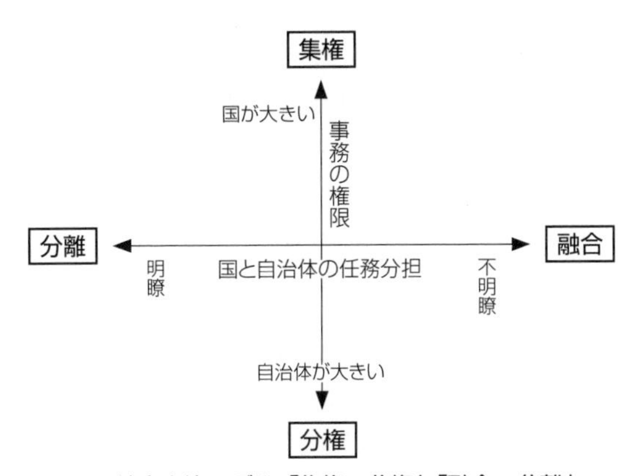

図1-1　地方自治モデル「集権・分権」「融合・分離」
（出所）天川晃「中央地方関係論」における天川モデルを参考に筆者作成

に「国の事務」の執行をも自治体の任務にしていて、国と自治体の任務分担が不明瞭な形態を融合型としている。

こうした地方自治制度の類型における枠組みの中で日本は「集権・融合型」と位置づけられており、かつ神野（2005）における、決定「集権－分権」・執行「集中－分散」という類型にあっても、日本は自治体に行政任務が多く割り当てられているけれども、決定権限を中央政府が握っている集権的分散システムと位置づけられている。

事実、教育や福祉などにおいても、執行は地方自治体が行うが、その制度は国が法律で定めているものが多く、日本の統治は「集権－分散」型と見なすことができる。

どちらの類型においても、日本の地方自治制度は国の裁量が多い集権ということが特徴ではあるが、しかし、それに並行して、「融合型」であることもひとつの特徴であり、融合型であるが故、事務執行に関する自治体の裁量が大きく、後述するように、自治体における制度的ゆとりが存在し、国・広域・基礎自治体の各フェーズにおける事務の線引きに不明瞭さが生まれ、シャウプ勧告における「行政責任の明確化」が果たされていないという指摘につながる。

特に予算や権限が大きい大都市においては、「融合型」であるからこそ発生する事務による財政的な影響も大きく、このことが所謂「二重行政」を表面化させているともいえる。

この融合型による「二重行政」の賛否に対して、西尾（2001）では現代の日本の地方自治制度はアングロサクソン系諸国の地方自治にみられる「分離型」ではなく、大陸系諸国の地方自治の特徴をもつ「融合型」であり、「概括授権方式または概括例示方式と呼ばれる方式を採用している」ので、「各級政府の提供する行政サービスが同一地域内において重複し競合することも珍しくない」という見解を示しており、「それぞれの行政組織が積極的であれ、消極的であれ新たな政策に着手した結果、類似事業、類似施設が生じることを根絶することは困難」（山崎2012）という意見もあるなど、こうした「二重行政」問題は現実に、日本の地方制度における根源的なものとして存在しているといえる。

こうした、「融合型」を採用する諸国は概括授権（概括例示方式）といった国の事務に属しないものを自治体が処理するが、これに対応する「分離型の諸国」では、具体的に自治体の事務権限を列挙する「制限列挙方式」をとっており、国や地方といった立場ごとの事務を明確にしている分、「二重行政」の回避は可能といえるが、列挙される事務以外の裁量は低いため、できるかぎり小さな単位で行うべきとする「補完性の原理」の徹底は困難という課題が発生する。

3．日本の地方自治制度および大都市制度の特徴

神野・小西（2014）によると「特別区を基礎自治体と考えると、国土のどこにも基礎自治体が置かれていない地域はなく、中央政府と都道府県と市町村の三層制になっており、例外が少ないのが、日本の特色」とあり、1949年のシャウプ勧告においては、中央政府、広域自治体、基礎自治体の事務を明確に切り分け、行政責任を明確にすべきという「行政責任明確化」の原則をはじめ、「能率の原則」「市町村優先の原則」の三原則が勧告されたが、彼らによれば日本の事務配分の特色は、中央政府、広域自治体、基礎自治体という三層の政府で事務が重層的であると同時に、基礎自治体が規模別に段階づけられて、広域自治体の事務を段

階的に担っていくことにあり、これはシャウプ勧告の唱えた行政責任明確化の原則に背反することとなっている。

つまり、日本の都市制度は、「府県・市町村」の二層、国も含めると三層に整序されているが、特に人口規模が大きな大都市においては広域自治体の事務を担うため、前述の「融合型」という日本の自治モデルと相まって、各層における事務が明確になっていないのが、日本の地方自治制度、とりわけ大都市の特徴といえる。

こうした日本の大都市の在り方に関して、シャウプ勧告の市町村優先の原則に通ずる下から上へ事務を補完するべきという「補完性の原理」的な立場から、基礎自治体重視の考え方に照らし、特別市による二層制が望ましいという声もあるが、大都市問題に対応するに、大都市を府県の知事が直轄するか、大都市に一般の市の権限以上の権限を付与するかという明治以来のせめぎあいが続いており、日本にはこうした二層制導入の動きは存在しない（神野・小西 2014）とまとめている。

また、現行の地方公共団体の特徴としては、特別区を除くと、村・町・一般市・中核市・政令指定都市と概ね人口規模によって、地方公共団体として採用する制度が変わり、それとともに段階的に権限が増えていく仕組みとなっているが、地方自治法上、日本の大都市制度というものに規定できるのは、大都市制度特例における政令指定都市および、都区制度における特別区の２つである。

４．その他の都市制度における先行研究

この節では、さまざまな角度から地方自治や都市制度の先行研究を見てきたが、最終的な提言に至る必要な考え方として、特に重要なものを示す。

⑴ 多層性自治体

金井（2011）では、大都市圏を特徴づけるものは、人口規模の巨大性であるとし、市民自治の観点から、大都市圏の適正規模や上限規模を考察すると、水掛け論か感覚的選考の問題になるとしている。その上で、制度設計も政治的選考によって選択されるという点からすれば、最後は

感覚的に決めればよいが、ある規模を選択することは、他の規模を否定する政治的選好の表明である。しかし、自治制度は、政治的選好を踏まえて政策決定するための器を作るべきものであるならば、政治的選好の変化に対して頑健あるいは中立・超然すべきともいえる。ならば、多段階の人口規模に同時に対処できることが、頑健な自治制度となる。この点を満たすのが、多層性（マルチ・レベル）自治体である。現代日本でも都道府県と市町村という二層制を採ることによって、同一地域住民に関して、少なくとも２つの人口規模での対処を可能にしている。論理的には、多層性にすれば、さまざまな人口規模での適正性を同時に満たすことができる。との見解を示しており、要は、単一の適正規模を追い求めるのは水掛け論であり、多数の適正規模を追い求めればよいとしている。

⑵「大括り化」と「分権化」

これまで述べてきたように、垂直の行政組織において存在する二重行政の解消手法として、地方自治制度の抜本的再編を伴う方法が議論されているが、山崎（2012）では、これまで明らかにされてきた諸構想に基づけば、都政（広域行政を都が一元化）、特別自治市（指定都市と府県業務の統合）、道州制（府県合併と国の出先機関の統合）などが含まれるとし、これらは、組織の「大括り化」を志向しているところに共通性を見出せるとし、一般論として、垂直的な異なる行政組織を統合し単一の組織とするならば、意思決定が容易になり、組織間調整のコストも低減され、「二重行政」問題の解決が期待される。ところが、現在のように行政ニーズが多様化し、事業の執行方法も複雑化し、「ガバメントからガバナンスへ」と表現される時代においては、「大括り化」は同時に「多元化」、「分散化」を伴わざるを得ないとし、基礎自治体への権限移譲や、大都市内での分権、区の自立強化をしなければならないというジレンマを有する、としている。

５．まとめ

ここでは日本の地方自治モデルや大都市の特徴とその課題を示してき

た。

こうした課題を解決するためにはさまざまなアプローチがある。代表的なアイディアのひとつとして、地方公共団体を増やす方向性が考えられよう。しかし、日本の財政状況を鑑みるに、これは現実的ではない。筆者は、組織の「大括り化」による行政のコストや組織間調整コスト縮減を図るべきと考えている。これは「行財政運営の効率化」を目的とするものであり、その思想は府県を広域圏にまとめる道州制の提案と軌を一にしている。もっとも、現在のような「融合型」の地方自治制度のままでは、その実現は困難と考えられ、そのための改革が求められるが、この点は後述する。

また、ビジネス、コミュニティなどさまざまな圏域が存在することは否定できない上、行政ニーズが多様化しているという指摘は、そのとおりであり、単一自治体で、多様な行政ニーズを満たせるとはいえない。これに関しては、「ガバメントからガバナンス」という表現にもあるように、新たな公共機関等を前出の「団体自治」的に置くのではなく、「住民自治」的発想で、さまざまな器（組織）をもって、さまざまなニーズに対応していくべきである。

そのため、本研究のまとめでも、大都市制度の目指すべき方向性としての「大括り化」を検討するが、「大括り化」に伴って必要とされている「多元化・分散化」や、住民自治という論点も重要となる。

Ⅳ. 自治体データの検証

本節では、まず、大都市行政の財政に特有の問題がそもそもあるのかどうか、つまり、中小規模の自治体と比べた時に、大都市の自治体にのみ財政に不利な要因があるのかどうかを分析する。そして、それによって今後の大都市制度の設計に必要な材料を発見したい。分析方法としては、大都市とその他の市町村との比較・政令指定都市同士の比較を中心に、財政状況・公務員数等、各種の市町村のデータ分析を行う。

住民サービスや面積など、都市を評価するにあたり、必要な項目は数多くあるが、財政状況は自治体にとって最も大きな指標のひとつである上、定量的なデータを用いることで客観的な評価を可能とさせるべきという考えの下、総務省や財務省のデータを中心に、自治体財政の検証をさまざまな角度から行った。

1．自治体の適正規模の考察

大都市行政において特有の問題があるとすれば、当然に人口規模に関係しているはずである。そこで、人口規模が自治体財政にどのような影響を与えるのか、定量的な分析を行った。

まず、基準財政需要額に対する実際の歳出というものが、自治体財政の健全性につながる財政効率の指標と仮定し、データを分析することとした。

ここに2017年度（平成29年度）の全国の市（被災三県および1万人以下の市を除く）における、1人当たり基準財政需要額から1人当たり歳出を引いた数字を、自治体の人口規模（対数）ごとにプロットした（図1-2）。

この図において、多項式近似値曲線を引くと、12～12.5の間をピークに、人口1人当たりの歳出は広がっていくように見える。このピークの値を対数（log）から実際の人口に戻すと、約20万～30万人となる。

厳密には、自治体ごとにその財務体質は異なるものの、総体的に見ると、自治体の規模が大きくなるにつれて、財政効率はよくなる傾向にあるが、一定の規模を越えると、逆に財政効率は悪くなるというデータを示すことができた。

これは範囲の経済や規模の経済のように、管理部門の共有化や同一事務規模が増えることによる生産性の向上で、一定のところまでは、効率的な動きになるが、ある程度の規模に到達すると効率性が逓減する動きに似ており、つまり人口が少ない、もしくは大きい自治体は、歳出と需要額の差が開く傾向にあるということがいえる。

続いて上のデータの基となる、市町村ごとの1人当たり歳出と基準財政需要をそれぞれプロットした（図1-3）。

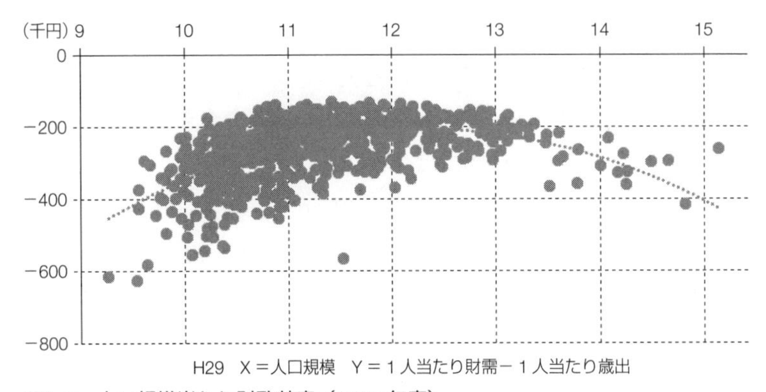

図1-2　人口規模当たり財政効率（2017年度）
（出所）総務省地方財政状況調査関係資料を基に筆者作成

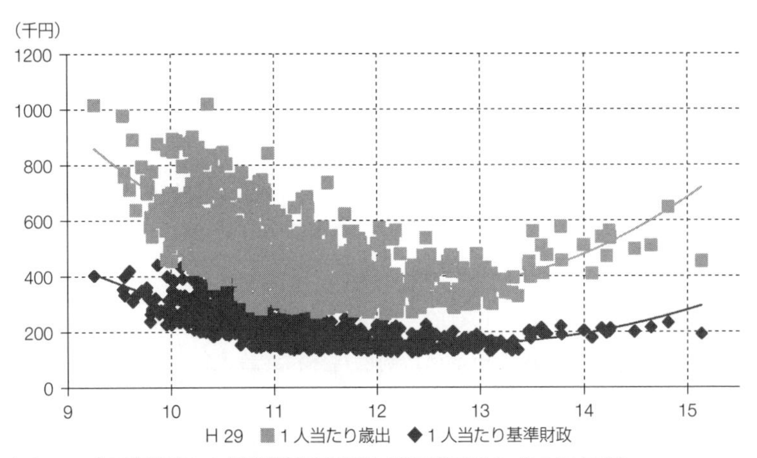

図1-3　人口規模当たり基準財政需要額と歳出額の開き（2017年度）
（出所）総務省地方財政状況調査関係資料を基に筆者作成

どちらも、人口規模に沿ってU字を描いており、この曲線のボトムの最少効率点を境に、効率性は低下していく。

双方を比べると、1人当たり歳出額に比べて、1人当たり需要額の底は、より人口が多い所にあることがうかがえるとともに、基準財政需要額よりも、歳出の方が人口規模に応じて変動することが見える。

このことから、人口が多くなれば1人当たりの需要額は増え、かつ人口が少なすぎたり多すぎたりする市は、歳出が大きいという傾向が見えた。

また、他にも複数年に渡るデータを使い、分析を行ったところ、同様の結果となったことから、長期的な傾向ということもわかった。

こうした自治体の最適規模に関しては、先行研究において、最適都市規模は人口当たり歳出総額からみると21万～27万人、（行政サービス水準／人口当たり歳出総額）比率から見ると24万～30万人程度（吉村1999）としているように、歳出面での効率性においては、人口20万～30万人規模が適正というのは一定の理論を得ているところである。

2．政令指定都市と財政状況の相関

では、政令市という都市制度の団体＝財政が悪いといえるのか検証すべく、総務省の地方財政状況調査データを複数年にわたり用いて、さまざまな分析を行う中で、市の成立要件である、5万人以上の市という条件の下に回帰分析を行い、政令市と財政状況の相関の調査において、政令市であるかどうかということと、1人当たり歳出と1人当たり基準財政需要の差が関係するかどうかを調べたところ、政令市＝歳出と基準財政需要の差が大きいという相関をみることができた。

一定規模の市において相対的に政令市の財政状況は悪いという分析がでることによって、政令指定都市制度自体に財政上何らかの問題があるのではないかと類推することとなったものの、政令指定都市自体の数がデータとしては少なく、かつ政令指定都市間においても、自治体による財政状況のバラつきが大きいため、政令指定都市自体の制度上の欠点か、特定の都市の問題かは、この時点では断定できないと考える。

3．政令指定都市内での財政状況比較

⑴ 指定都市の経年比較

標準的な税収入や財政需要が多い自治体ほど1人当たりの歳出が増えるというのは、適正規模の際の考察のとおりであり、人口が多い政令指定都市の中だけで見ても、そのトレンドは変わらない。

その上で、政令指定都市内で、人口規模による、1人当たり基準財政

需要の額と、1人当たり歳出の規模と地方債発行高の相関を複数年に渡って分析したところ、人口規模が多い＝1人当たり基準財政需要額が高いという相関は見られなかったため、人口規模が大きくなるにつれて1人当たりの歳出は増えるものの、基準財政需要額の積み増しはされておらず、人口規模が大きくなるにつれ、需要と歳出の差は大きくなるという結果になった。

この差を生んだ結果として、1人当たり歳出が高い自治体の方が、地方債の発行額も高いという相関があり、政令市においても人口が多い都市ほど歳出が多く、地方債の発行額も多くなるという傾向がみられ、より厳しい財政状況になっていることがわかった。

そもそも大都市においては、「近隣のための投資もある」（北村 2013）という指摘もされるよう、政令指定都市内においても特に大規模都市特有の問題が想起されるものの、その需要が見込まれていないため、十分な交付税措置がなされていないことがデータから類推できる。

この財源の措置に関しては、次節で詳細に分析することとする。

⑵ 公務員数や公務員給与が財政に与える影響

大都市においては特有の財政需要があり、国からの十分な措置がないということが、大都市財政を悪化させている可能性がデータにより示されたが、人口規模が同程度の都市においてもプロットを見ると財政状況にかなりの差があることがわかる事例も見られるため、人口規模以外のアプローチとして公務員の数や給与が財政に与える影響を調べることとし、まず公務員数と財政の相関を見るため、政令市における、公務員数と財政効率の指標（1人当たり基準財政需要－1人当たり歳出）の相関関係を、過去5か年にわたり調べたところ、人口当たり公務員数と財政効率の相関が見られ、指定都市制度内でも、公務員比率が高い自治体程財政が悪くなるという傾向がみえることとなった。

なお、この人口当たり公務員数と財政効率の相関は、普通会計部門・公営会計部門ともに見られ、会計部門に問わず、公務員比率は財政に影響を与えていることがわかった。

つづいて、職員報酬と財政効率の相関を調べるため、先ほどと同様、

１人当たり基準財政需要から１人当たり歳出を引いた値と、公務員給与の対国基準ラスパイレス指数を各政令市の年度ごとにプロットし、分析も行ったが、その結果、どの年度で区切っても、大きな相関は見られず、公務員給与による財政の影響は比較的少ないと想定できることになった。

これは、基準財政需要額算定時に補正係数により地域ごとの手当が変わるように、地域の実情に応じた職員報酬が比較的担保されていると思われる。

４．分野別公務員数および人口当たり公務員数の調査

⑴ 政令市における分野別公務員数

前項の分析では、人口当たり公務員比率が高いほど、財政に悪い影響を及ぼすことがわかったが、総体的な公務員比率だけでは当てはまらないケースが存在することから、より実態に近い問題を明らかにするべく、総務省指定都市データ「平成22年地方公共団体定員管理調査結果データ」を用いて分析した。

そこで普通会計および公営企業会計における、具体的なセクションごとの分野別の公務員比率を調査した結果、土木公務員数が財政に影響する指数が最も高いという仮説に至った。

⑵ 人口当たり公務員数と人口規模の相関

これまで、人口当たり公務員数が財政不効率の原因と関連があるのを調べてきたが、次に、人口規模と、人口当たり公務員数に相関があるのかを調べてみた。

この際、人口規模が、５万人以下の人口過少都市の存在が大きく影響してしまうことが判明したため、人口５万人以上の市だけで、データをとったところ、大きなバラつきは少なく、人口規模が大きくなれば、人口当たり公務員比率が高いという相関は見えなかった。

５．検証のまとめ

この節では、自治体ごとのデータを分析することで、概ねの傾向では

あるが、1）人口規模と財政＝相関あり、2）公務員比率と財政＝相関あり、3）人口規模と公務員比率＝相関なし、という事実が判明した。

これにより、大きくはⅰ．人口規模約25万～30万人程度をピークに、その数字から離れるほど財政効率が悪くなる傾向、ⅱ．政令指定都市を含む大都市に財政上の非効率理由が存在することによる都市制度上の欠陥が存在、ⅲ．公務員比率が高いほど自治体の財政が悪い、ⅳ．土木事業の財政に与える影響が大きい、ⅴ．人口当たり公務員比率が高いのは、都市の人口規模以外に理由が存在する、という傾向を見ることができた。

政令指定都市においてもバラつきが大きいため、一概に政令指定都市制度＝財政悪化要因とはいえないものの、制度による権限や事業を有することで、結果的に職員数や投資額が多くなり、自治体財政の悪化要因を作る可能性を有する。

自治体の優劣は財政だけで判断されるべきではないが、少なくとも財政的には、人口規模や公務員数が大きな影響を与えているは示された。また、人口規模と人口当たり公務員比率の相関は低いため、その他何らかの都市問題の存在も残ったといえる。

Ⅴ．大都市特有の問題

1．財政的課題

⑴ 大都市特有の需要

前節での分析に基づくと、土木需要や公務員が必要な理由など大都市特有の事情や制度的問題が存在する仮定できるため、大都市における、財政的な欠陥の有無をさらに紐解く。

まず、「歳出に関しては、一般的には都市規模が大きくなるに従いスケールメリットにより効率的な財政運用が可能となると言われている。しかしながら、指定都市では、法人需要への対応、都市インフラの整備・維持や都市的課題などへの対応により土木費や民生費などの大都市特有の財政需要が顕在化し、一人当たり歳出額は高くなっている」（2016

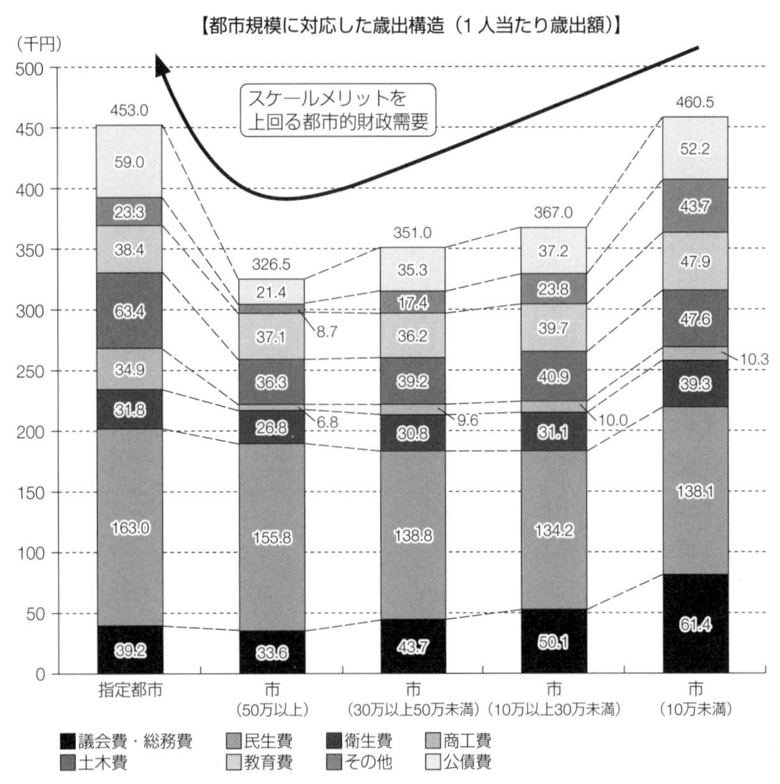

図1-4　都市規模に対応した歳出構造

（出所）指定都市市長会・議長会（2016）「大都市財政の実態に即応する財源の拡充についての要望」より引用

指定都市要望）とあるように、必然的に一定以上の人口を有する都市においては、一般市に比べ財政状況が悪くなる理由が存在しうるとされており、図1-4のように、指定都市では、特に土木費や公債費の償還による財政需要が一般市に比べて高いことも、前節の分析と一致する。

また、「2009年度　市町村規模別基準財政需要額行政費費目別シェア」（星野 2011）によると、大都市が他規模団体に比べ行政費目別のシェアが高いのは、道路橋りょう費・都市計画費といった土木費、それに加えて、生活保護費、保健衛生費、清掃費といった厚生費である。

このことは、指定都市市長会が大都市特有の財政需要において、土木費や民生費が大きいとしていることと一致しており、一定の人口規模を有する指定都市においては、スケールメリットを上回る都市的財政需要が存在することがわかったとともに、大都市は他都市と比較して特に、土木費・厚生費のシェアが高いことが示された。

⑵ 不利な交付税算定

前節で書いたように、大都市の財政需要に対する財源が措置されていないというのが、大都市側の見解であるが、これは普通交付税の算定基礎となる、基準財政需要額の算定においても、大都市において不利という分析もされており、星野（2011）によれば「標準的な財政需要と捉える歳出範囲が、大都市にとって特有の財政需要を見込む方向にない」とされており、基準財政需要の単位費用や補正係数が2007年（平成19年）の新しい算定方法導入以降、特に土木費や投資的経費に不利に働いているとしている。

このように、土木や投資的経費が多い大都市の財政が相対的に悪くなる理由は示されており、かつ、大都市において土木費同様にシェアが高い厚生費の中でも、生活保護の地方負担は、保護率上昇とともに増大し、特に、被保護世帯が集中する大都市の負担上昇が顕著とされており、大都市財政に不利に働いていると考えられる。

⑶ 大都市の与信能力

ここでは、基準財政需要の算定方法など、税制度や大都市制度の不備が大都市財政を不利に働かせるという結論は得たが、実際に一般市と政令市で、各市が抱えている地方債と各市が保有している基金を差し引きしたものを人口当たりで割った数字を高い順に並べてみたところ、トップの大阪市を筆頭に、多くの政令指定都市が上位に位置するなど、政令市の人口１人当たりの実質借金が高いことが見て取れ、これまで政令市や大都市において、財政的に不利な要因を示してきたが、他の自治体との比較においても、現実的に債務依存度が高いことが証明された。

実際に税収が大きい自治体ほど、債務発行が可能ではあるため、これをもって財政的に不利と断定することはできないが、１人当たり借入額は財政の大きな指針のひとつになるといえるとともに、実際に、財務省

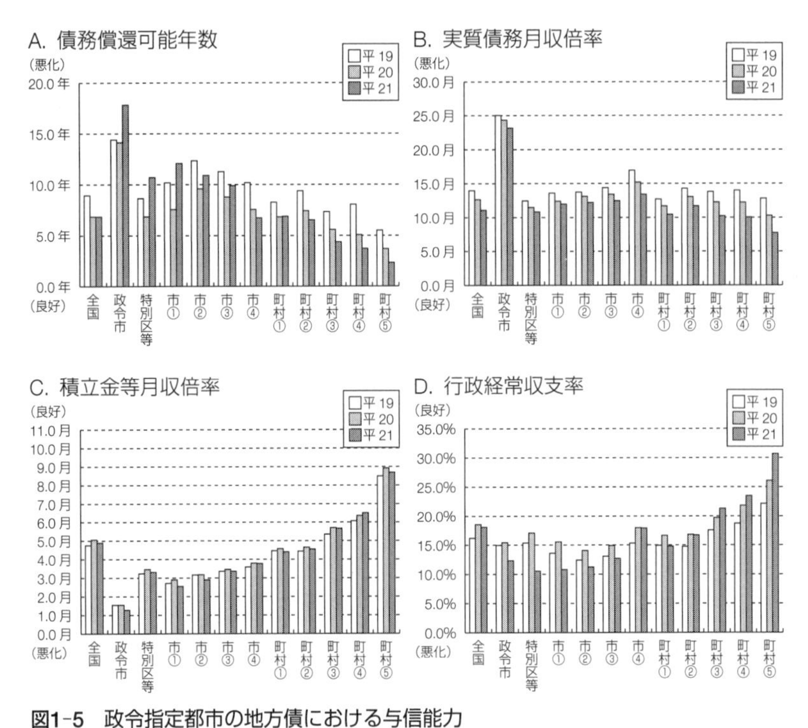

図1-5　政令指定都市の地方債における与信能力

（出所）財務省（2011）「財政融資資金の融資先としての地方公共団体の財務状況把握について」より改変して引用

が把握している自治体ごとの財務状況資料において、前述同様の2009年度（平成13年度）の地方公共団体向け公的資金貸付における、貸付先である団体の財務状況や収益性をチェックしている指標においては、政令指定都市の指標は軒並み悪く、債務の償還可能年数も長いという試算がでている。

図1-5では、政令指定都市は実際に地方債の残高が高い上、融資先としての与信能力も客観的に低いというデータが示されているといえる。

2．ケーススタディとしての大阪市問題

これまでさまざまな大都市問題を見てきたが、政令指定都市においても、自治体により状況は大きく異なるとともに、年度ごとに財政データ

のトレンドを見ても、長年に渡って似たような状況であることが見て取れる。

そのため、制度的な課題だけではなく、大都市それぞれに背景や課題があると考えられるが、政令指定都市においてもとりわけ大阪市は基準財政需要に対する歳出額や人口当たり公務員数、1人当たり地方債の高さなど多くの財政的な指標で突出して悪い数字を示していることから、大都市問題をよりクリアにするため、ケーススタディとして、大阪市を取り上げることで、政令指定都市制度の枠組み以外の大都市問題の顕在化を図る。

⑴ 昼夜間人口比率

当初五大市を想定していた政令市は、今や在住人口のみが条件となり、20を数えるようになったが、そもそも、それぞれの都市の成り立ちや、その性質はバラバラである。

まず大都市においても、大阪市の場合は昼夜間人口比が群をぬいて大きいため、人口1人当たりの数値は、常に他の都市と比較して過大になる傾向がある（澤井 2003）とあり、実際に2015年度（平成27年度）の国勢調査を基にした昼夜間人口比率において、昼の人口が夜の1.32倍あり、これは政令市においても群を抜いて高い水準である。

居住者の数だけで、実際必要な行政サービスが決定されるわけではなく、大阪市も膨大な中間流入人口によって財政需要が嵩増されると主張している。

このことは、先の地方交付税における土木費の財政需要が的確に反映されていないという研究結果同様、人の移動において、人口のピークに合わせたインフラ整備など土木費用が必要な場合、昼間流入人口が夜間人口に比べて多いことは、財政的には不利に働くといえる。

⑵ 都市としての役割――歴史的役割・西日本の中枢・都市圏の母都市

つづいて、都市としての役割という側面で大阪市を見ると、「大阪市は明治以降、近代都市の建設に努めるとともに、東京と共に常に我が国の都市行政をリードしてきた」（新修 大阪市史）、「大阪市は西日本の中枢都市として、また、大阪都市圏の母都市としての役割を果たしており、これに伴う高密度の人口集中や中間流入人口の増大、経済活動の集積に対処するため、都市基盤整備を進めてきた」（大阪市 HP）とあるように、大阪市は、東京に次ぐ都市として、他都市以上の財政需要を必要としてきた経緯がある。

図 1-6 の指定都市市長会におけるデータは、横軸に規模指標・縦軸に中枢性指標をとっており、その中で用いているデータも記載されているが、大阪市の場合は、規模指標の高さもさることながら、中枢性において、圧倒的に他より高く、同じ大規模中枢型の横浜市と比べても、そのエリアの中枢都市機能としての差が大きく見られる。

指定都市市長会によれば「指定都市では、圏域の中枢としての財政需要や、人口の集中・産業の集積に伴う都市的課題から生じる財政需要といった大都市特有の財政需要を抱えているにもかかわらず、都市税源である消費・流通課税及び法人所得課税の配分割合が極めて低くなっている」と述べられるよう、都市における中枢性が財政に影響を与えるという観点から、大阪市の突出して高い中枢性と財政指標の悪さの因果関係を紐解くことができる。

こうしたことから、歴史的経過・西日本の中枢都市・大阪都市圏の母都市という役割上、都市行政をリードするべく、その需要に応えてきたと考える。

⑶ 大阪府との関係（二重行政・二元行政）

また、地方自治制度においては「二重行政」の存在が取り上げられるとともに、自治体の活動を非効率なものにしていると指摘されるケースもある。

この「二重行政」の明確な明確はないが、山崎（2012）によれば、第1に「二重行政」とは垂直的に並立する行政組織の間で、主として都道府県と市町村、あるいは国と都道府県との間において生じる現象、第2に、主として、垂直的に並立する行政組織が、それぞれ重複する区域および区域内の住民に対して、同一政策分野における類似政策を実行する状態、第3に「二重行政」が問題とされるのは、すべての第2の状態ではなく、組織間の調整、政策実行上の役割分担の整理不足、または欠如

●大都市における規模と中枢性とその類型

下記の各経済指標について偏差値を算出することでデータを標準化(平均 50、標準偏差 10)し、さらに規模指標と中枢性指標の各々について、各指標の偏差値平均を算出した結果である。

類型	該当市	規模指標偏差値平均	中枢性指標偏差値平均	類型	該当市	規模指標偏差値平均	中枢性指標偏差値平均
(参考)	東京都区部	106.6	106.0	副都心型 規模：中 中枢性：小	川崎市	57.7	46.4
大規模中枢型 規模：大 中枢性：中〜大	大阪市	68.4	68.6		さいたま市	51.5	49.7
	横浜市	64.0	53.6		堺市	50.6	45.7
	名古屋市	60.0	60.2		千葉市	50.2	47.6
中枢型 規模：中 中枢性：中	神戸市	55.1	51.3		北九州市	50.1	49.0
	京都市	54.1	53.5	国土縮図型 規模：小 中枢性：小〜中	相模原市	48.7	44.8
	福岡市	53.8	56.5		浜松市	48.3	48.0
	札幌市	53.7	55.9		新潟市	48.2	50.2
	広島市	51.1	53.9		静岡市	48.2	48.3
	仙台市	50.2	55.8		岡山市	47.7	50.2

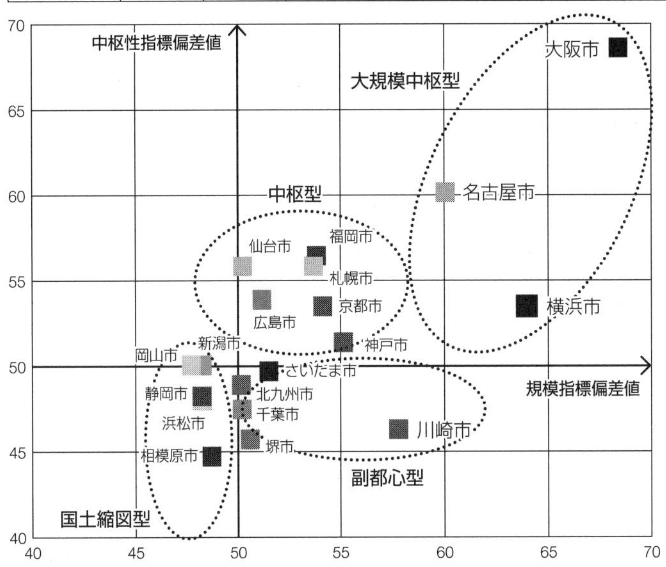

※(参考)大都市の規模及び中枢性を示すのに使用した経済指標

分野	Ⅰ 人口	Ⅱ 経済	Ⅲ 行政	Ⅳ 情報･文化
規模指標	・人口 ・人口集中地区人口密度 ・人口集中地区対市域面積比率	・金産業事業所数 ・製造品出荷額等 ・年間商品販売額	・地方公務員従業者数 ・基準財政需要額 ・歳出総額	・情報サービス業従業者数 ・映像、音楽、文字情報製作業従業者数 ・学術・開発研究期間従業者数 ・広告業従業者数
中枢性指標	・昼夜間人口比率 ・対都道府県人口比率	・上場企業本社数 ・銀行業事業所数 ・証券業・商品先物取引行事業所数	・国家公務員従業者数 ・管区地方支分部局等数	・放送業事業所数 ・専門サービス業事業所数 ・学術・開発研究期間事業所数

図1-6 大都市における規模と中枢性とその類型

(出所)※"大都市"にふさわしい行財政制度のあり方についての懇話会(2009)「"大都市"にふさわしい行財政制度のあり方についての報告書」

していることによって、政策の実行に非効率が生じ、また民主的統制の阻害要因などの弊害を生じる場合であるとされている。

また、道府県と指定都市との間の二重行政に関して、近年大都市が行財政権限の強化のための最大の論拠のひとつが「二重行政」問題の解消にあるため、大都市と府県との関係を制度的に見直す動向があるが、大阪の場合は、大阪固有の問題があるという指摘もあり、大阪府と大阪市の関係を包括的に検討した大阪府自治制度研究会が2011年（平成23年）に提出した「最終とりまとめ」では、この経緯を以下のようにあげている。

ⅰ．戦後の特別市運動や第三次市域拡張に至る対立に加え、政令指定都市制度発足後も昭和40年代中頃（1970年頃）まで市域拡張をめぐる論争が続いた。

ⅱ．このような歴史的経緯により、府市ともに、政令指定都市制度を「特別市」的に運用してきた結果、「市は市域、府は市域外」というお互いの縄張り意識が固定化した。

ⅲ．あわせて、ほぼ全域が都市化した狭隘な大阪府域の中心部に大阪市が位置するという地理的構造、周辺市も行政能力の高い大規模市が増え、実質的に大阪市と同レベルの都市域が拡大傾向にある。

このように、大阪の場合は、一般的な「二重行政」の存在に加え、大阪府と大阪市における歴史的な経緯や、他府県とは異なる、地理的・社会的要因が指摘されており、政策的な連携が欠いた「二元行政」と相まって、独自の問題を派生させていると考えられる。

3．本節のまとめ

この節では、公務員数や地方交付税の不備が地方財政に及ぼす影響と、指定都市が財政的に不利な状況にあることを証明するとともに、同じ指定都市の間でも、データが突出した大阪市をケーススタディとして

表1-1　H21 指定都市の公営企業繰り出し金ランキング

（単位：千円）

政令市名	住民基本台帳登載人口（H22. 3. 31現在）（人）	公営企業等に対する繰出金	人口当たり公営企業繰り出し金
1 大阪市	2,534,176	195,602,397	77
2 名古屋市	2,178,272	146,148,955	67
3 京都市	1,384,896	89,444,460	65
4 福岡市	1,396,789	88,309,218	63
5 仙台市	1,010,256	57,881,094	57
6 広島市	1,157,495	61,259,179	53
7 横浜市	3,620,562	190,390,368	53
8 北九州市	979,233	50,646,821	52
9 札幌市	1,891,494	97,226,686	51
10 神戸市	1,511,351	72,822,241	48
11 新潟市	803,421	38,680,982	48
12 静岡市	717,578	32,348,621	45
13 岡山市	688,996	30,717,400	45
14 川崎市	1,373,851	59,047,446	43
15 堺市	837,680	34,986,927	42
16 浜松市	792,446	28,208,364	36
17 千葉市	932,421	31,266,820	34
18 さいたま市	1,209,234	40,432,556	33

（出所）総務省「H21 年度　決算状況調」を筆者加工

見ることで、大都市問題を明らかにすることを試みた。

その中で、・昼夜間人口比率の高さ・東京に次ぐ都市としての都市行政をリードしてきた歴史・西日本や都市圏の中心都市という高い中枢性といった、大阪独自の理由による、社会的インフラ整備の必要性が理由も読み取れた。

現在は経営形態の変更により、多くの公営企業の民営化や独立行政法人化が進んでいる大阪市だが、そうした改革期以前は、実際に、交通・病院・上下水道事業などの、社会的インフラを果たす公営企業を有しており、表1-1のように、2009 年（平成 21 年）時点で見ると政令指定都市内で公営企業に対する繰り出しの額を比較すると、その絶対額においても、1 人当たり額においても大阪市はトップとなっており、土木費等の普通会計以外の要素でも、大阪特有の財政負担の存在が明白だった。

こうした大阪市の突出した投資状況を鑑みるに「大阪府企業局が行っ

てきた事業は、戦前であれば大阪市が自ら行ってきた事業と重なってくる」「府と市の事業を調整する機関が無かった」(砂原 2012)とあるよう、広域行政体である大阪府と基礎自治体である大阪市の事業調整がなされていなかったことも大きな要因といえる。

このように、都市制度という枠では測れない大都市特有の問題を浮き彫りにすることができた。

Ⅵ. 大都市の問題の整理と方向性

これまでのデータ・都市制度問題・大阪市におけるケーススタディを分析した上で、大都市における問題と、問題解消を行うにあたり想定できる障壁を簡潔に整理する。

〈大都市問題〉

①都市の行政区画と都市の圏域の不一致・府県と大都市の二重行政
　⇒広域行政の在り方の課題
②基礎自治体は一定の人口規模をピークに財政的に不効率になる
　⇒適正規模論
③大都市特有の需要に対し、国から十分な財源措置がなされていない
　⇒交付税制度の不備
④交付税 / 補助金制度による地方裁量の欠如・国の要請により地方の行政が決まる仕組み
　⇒集権型への批判
⑤二重行政・自治体の公営企業経営・自治体ごとの公務員比率差等が財政に大きな影響を与える
　⇒シャウプ勧告の指摘 / 制度上のゆとり / 融合型の課題
⑥政令指定都市内でも、その性格が多様
　⇒指定都市制度そのものの限界
※上記の事項に加え、大都市の中でも、特に中枢性の高く、歴史的な

役割が深い大阪市は、上記の問題の影響を大きくうける。

こうした問題を解消するにあたっては、上の各項に対応する形で、以下の論点が障壁となる。

〈問題解消障壁〉

①1）都市圏＝事業により範囲が異なるため、行政区画との一致は困難。一層でも二層でも、特定目的型政府でもよいが、事業（交通・経済・防災・教育）事業圏域ごとに組織を作る制度は非常に複雑。

2）広域と基礎の関係＝現行の大都市制度ではどれもメリット・デメリットあり。

②自治体の適正規模論＝市町村合併や大都市の解体を伴う。

③大都市制度の財源の問題＝国との調整が必要。交付税は簡素化方向で大都市需要の積み上げは困難。

④現行の交付税／補助金制度は自立とは真逆
⇒抜本的な国・地方の在り方を見直す必要あり。

⑤都市の成り立ち
⇒国の出先機関としての広域自治体の設立・広域と基礎自治体の紛争権限争い等が残る。

⑥指定都市内での差＝都市としての成り立ち／中枢性など大きく異なる
⇒１つの大都市制度で大都市問題の解消が不可能という状況が存在する。

Ⅶ．提言：目指すべき都市の姿 ——道州制を見据えた新たな日本の地方自治制度

地方自治体を成長／健全化させるためには、大都市問題の解消が必要なのは当然であるが、問題を解消するにはさまざまな障壁があり容易ではない上に、部分的な制度改正では、大都市問題解消は困難である。

A. 日本の目指す地方自治モデル

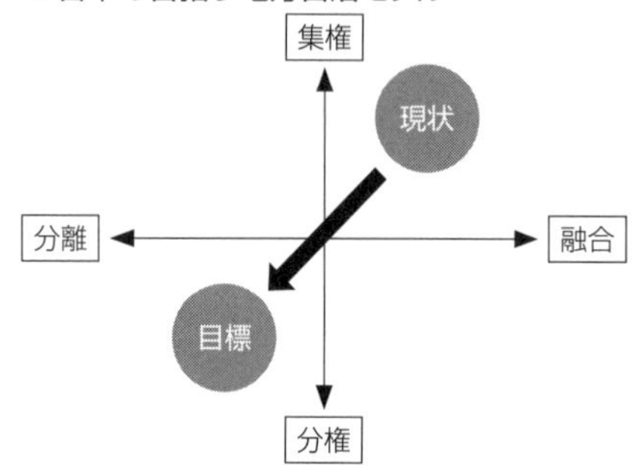

B. 地方自治モデルの類型および採用国

(1) 集権・分離型	国がほぼ完結的に事務処理を行う。自治体は権限も責任も持たない。国は地域レベルまで出先機関を配置し行政を進めるから、自治体の存在自体を必要としない場合もある。	ロシア、中国など社会主義系国家、戦前の日本
(2) 分権・分離型	一定領域について自治体の責任で事務処理が独自に行われ、国の関与はない。自治体の行うべき事務事業が制限列挙されている場合が多い。	英国、米国、カナダ、オーストラリアなどアングロ・サクソン系の諸国
(3) 集権・融合型	ある事務処理について国が権限、財源留保し、その執行だけを自治体に委ねる。国に留保された権限、財源は自治体の行政執行をコントロールする手段に用いられる。	フランス、ドイツ、イタリアなどヨーロッパ大陸系の諸国、戦後の日本
(4) 分権・融合型	ある事務処理について国はガイドラインの設計や財源調整という外形上で関与するが、実際の事務事業の企画、実施、評価に関する裁量権は自治体が有する。	スウェーデン、ノルウェーなど北欧諸国

図1-7　日本の目指す地方自治モデルと地方自治モデルの類型および採用国
（出所）A. 天川（2006）天川モデルを参考に筆者作成　B. 佐々木（2013）統治タイプの４類型

そのため、現行の地方自治制度ごと抜本的に見直す方向で改革を行うことが必要という考えのもとで至った、ひとつの目指すべき方向性を提言したい。

その方向性とは、日本を集権融合型→分権分離型の地方自治モデルに変革させることであり、その新しい日本の地方自治モデルにおいて、「道州制」を導入した上で、地方分権・市町村の権限／機能強化を目指すものである（図1-7）。

こうした分権分離型の道州制は、

①道州が地方政府として、圏域としての一体性、戦略性も含めた経営を行うことで、都市の圏域問題の解消を解消するとともに、集権⇒分権型システムに切り替える。

②国・広域（道州）・地方（基礎自治体）の明確な役割分担を図ることで、分離システムを構築し、事務や指揮系統のすみわけ行う。

③東京・大阪・名古屋といった中枢性の高い都市は、道州と並び立つ都市州のような新たな大都市制度を構築することで、財源と財政需要のギャップといった中枢と市問題を解消しつつ、日本の成長を担う都市として牽引させる。

といった都市問題を解消ながらも、圏域ごとの強みを活かすことができるシステムになりうると考える。

ここに記した、大都市問題やその対応策は、あくまで一例であり、記述しきれないものも多くあるが、大都市問題は、歴史的な経緯も含めて複雑化しており、1つの要因や1つの対策で解消できるものではなくなっていることは、本研究からも明らかである。

これに対処するためには部分的な修正を繰り返すことよりも、時代に見合った、あるべき地方自治制度を抜本的に見直し、新しく構築することこそ近道と考えるため、本書における問題定義が、新たな地方自治制度を構築するための嚆矢となることを期待する。

参考文献

青木宗明（2011）「政令指定都市の拡大・多様化と税の地域格差」『自治総研』391号、27-28頁

赤木須留喜（1977）『行政責任の研究』岩波書店

天川晃（2006）「指定都市制度の成立と展開」財団法人東京市政調査会『大都市のあゆみ』

大阪市史編纂所（1992）『新修 大阪市史』8巻

大阪市史編纂所（1995）『新修 大阪市史』9巻

大杉覚（2011）「日本の大都市制度」財団法人自治体国際化協会・政策研究大学院大学比較地方自治研究センター『分野別自治制度及びその運用に関する説明資料』No.20

金井利之（1998）「空間管理」森田朗編『行政学の基礎』岩波書店

金井利之（2011）「市民自治と大都市圏行政」東京市政調査会『都市問題』102巻7号、107-117頁

金井利之（2012）「大都市制度という幻像」行政管理研究センター『季刊行政管理研究』139号、20-37頁

北村亘（2013）『政令指定都市―百万都市から都構想へ』中公新書

財務省（2011）「財政融資資金の融資先としての地方公共団体の財務状況把握について」

佐々木信夫（2013）「「地域主権国家」としての日本再生への道」nippon.com『地方分権改革 20 年―今後の課題』

指定都市市長会・議長会（2016）「大都市財政の実態に即応する財源の拡充についての要望」

新藤宗幸（2002）「大都市圏政府体系の見直し」大阪市政調査会『市政研究』135 号、10-17 頁

神野直彦（2005）「地方分権に向けての義務教育費国庫負担制度の在り方について―「三位一体改革」との関連で」

神野直彦・小西砂千夫（2014）『日本の地方財政』有斐閣

砂原庸介（2012）『大阪―大都市は国家を超えるか』中公新書

総務省 地方公共団体定員管理関係「H17 ～ 24 年度 指定都市データ」

総務省 地方財政状況調査関係資料「H17 ～ 24 年度 市町村決算カード」

第 28 次地方制度調査会（2006）「道州制のありかたに関する答申」

第 30 次地方制度調査会（2013）「大都市制度の改革及び基礎自治体の行政サービス提供体制に関する答申」

大都市にふさわしい行財政制度のあり方懇話会（2009）『“大都市”にふさわしい行財政制度のあり方についての報告書』

爲我井慎之介（2016）「政令指定都市制度の設計概念と制度的変容」高崎経済大学政策学会『地域政策研究』18 巻 2・3 合併号、97-114 頁

西尾勝（2001）『行政学』有斐閣アルマ

西尾勝（2012）「都市・都市問題・都市政策―「都市理論」の混迷」新藤宗幸・松本克夫編『雑誌『都市問題』にみる都市問題 Ⅱ 1950-1989』岩波書店、7-25 頁

星野菜穂子（2009）「生活保護費を対象とした地方交付税の財源保障」『自治総研』367 号、37-71 頁

星野菜穂子（2011）「普通交付税の算定からみた大都市特有の財政需要」『自治総研』390 号、1-25 頁

松藤保孝（2010）「第 5 期　戦後地方自治制度の創設期（1946-1951 年）」『我が国の地方自治の成立・発展 第 5 期』財団法人自治体国際化協会／政策研究大学院大学 比較地方自治研究センター

水口憲人「都市という主題―再定位に向けて」立命館大学法学部叢書、法律文化社

第2章

大都市財政の硬直化
——三大都市圏における母都市財政

Ⅰ．はじめに

大都市制度を考える上で、当該地方自治体の財政問題は欠かすことができない。制度を変更して都市部における地方自治体の権能を見直す際には、その効力を発揮するための事務配分と財源に関する議論が必要である。実際、大都市制度のあり方と関連し、大都市の財政についても、大阪の都構想における財政調整制度や地方法人二税をめぐる議論などが活発に行われてきた。このように大都市制度とその財政は、繰り返し議論されてきたテーマである。

これは、大都市圏の母都市もしくは都市部の地方自治体が他の地域の地方自治体と異なる存在としてとらえられてきたためであろう。第30次地方制度調査会の答申においては、三大都市圏を取り上げ、高齢化やインフラの更新への対応を行政課題としながら、経済をけん引する役割を求めている。答申内容からも大都市圏における経済的、社会的要因の変化が都市部の地方自治体の役割に影響を与えることがうかがえる。本章で取り上げるのは大都市の地方自治体における財政であるが、財政指標はこうした経済的、社会的要因の変化を反映するものである。そのため、大都市制度における地方自治体の権能を把握する観点からも、大都市財政に関する考察は有意義であろう。

そもそも地方財政論における都市部の特殊性については、島恭彦によって展開された不均等発展論にその端緒を見出すことができる（島1963)。この不均等発展論の構造と共通点をもちつつ、宮本憲一は都市問題と大都市財政に焦点をあてている。高度経済成長期の公共投資が大都市の工業地帯に大規模に行われてきたことを指摘し、その「社会資本」は専ら生産基盤を中心としたものであったとする。その反面で生活基盤の不足による都市問題が顕在化したが、その原因を宮本は大都市の地方自治体の税収不足に求める（宮本 1976）。すなわち、経済力の地域的集中が見られる大都市の問題に取り組むだけの税収を有さない都市財政の問題を指摘したのである。

都市財政の問題は、その後の種々の実証研究においても取り上げられてきた。第1次分権改革の時点でも大都市における地方自治体の権能に関する問題意識は散見され、中島（1999）は大都市特有の財政需要の多さとそれに対応する地方税収の不足を把握し、分権化の推進に言及している（中島 1999: 131頁）。他方、長期不況下で、東京以外の都市の衰退が明確になってくると、都市部地方自治体の財政の乏しさは税収以外の側面も指摘されるようになる。例えば星野（2013）は、2000年代の生活保護費などの都市的経費について、地方交付税制度を通じた財源保障が不十分であることを明らかにしている（星野 2013: 76-87頁）。

以上の先行研究が示すように、都市部地方自治体の財政が逼迫している状況は、第二次大戦後の地方財政において恒常的に続いてきたと考えられる。大都市制度が議論される背景に都市の問題への政府部門の不十分な対応があるのであれば、それは都市部地方自治体の財源のあり方の問題だともいえる。保育施設や介護施設の不足が都市部で顕在化しても十分に対応できない状況、社会インフラおよび公共施設の管理・更新の財源が不足している状況を考えても、現在でも大都市制度と併せて、それに整合的な財政制度は現在においても整えられていないといえよう。

そこで上記の問題点を踏まえ、近年の都市財政の動向を把握し、都市財政が逼迫する要因について経年的に明らかにすることを通じて、大都市制度を展望することを本章の目的とする。そのため次節では、都市財政の動向について把握する。その際、大都市圏の母都市である市区とその上位政府である都府県を対象とする。続いて、都市財政が逼迫する要因としての扶助費を中心に分析し、そうした経費を賄うための都市財政の財源が、分権改革以降、どのように取り扱われてきたかを明らかにしていきたい。

Ⅱ．都市財政の動向

1．都市の変化と財政

先述したとおり、第二次大戦後の都市財政に関する議論は、共通点とともに差異も認められる。そうした差異が生じるひとつの理由は、都市が置かれている状況の変化にあるだろう。第二次大戦後の多くの都市では、農村からの人口の流入を経験してきた。特に高度成長期における都市化と、同時に高度に進行した工業化は、大都市圏を中心に深刻な都市問題を引き起こすこととなった。都市部の公害問題や、そうした負の外部性を克服するための公共財の不足に直面した人々が良好な住環境を求めようとすれば、都市の郊外への転出を余儀なくされたのである。結果として、多くの都市はドーナツ化することとなったのである。

このように都市においてドーナツ化が進行することは、同一都市圏内における機能が分化することを意味している。つまり、都市の中心部では産業が集積し、その周辺部には都心の産業に労働力を供給する人々の住宅が広がることとなる。当然ながら、都市圏内の機能分化の影響はそれぞれの地方自治体の財政にもあらわれることとなる。その特徴は次のようにまとめることができよう。

まず、地方自治体の基幹税目は、所得と固定資産を課税ベースとするものである[1)]。都市の中心部において産業が集積すれば、それらの産業を担う法人の所得や固定資産を課税ベースとする地方自治体は豊富な地方税収をあげることができるようになる。ただし、過密が進み土地の利用が高度化している都市では地価が高騰するため、公共サービスの供給は困難な状況が生まれる。他方、都市の周辺では労働力を供給する人々が住むことにより、その所得や資産に税収を頼ることとなる。

この公共サービスについては具体的にはどのような内容が考えられるだろうか。産業基盤と生活基盤とに分類した場合、産業基盤について母都市が負担するものとしては、インフラ整備をあげることができよう。第二次大戦後には、港湾整備や港湾に付随した物流拠点の整備、都市型高速道路の整備に伴う道路の立体化とその維持費用、工業用水道や地下鉄等の公共交通網の整備等が進められてきた。その際、地方自治体が主体となる場合もあるが、第三セクターや外郭団体を主体として実施する場合も含まれる。日本においては、こうした点を重視した政令指定都市への権限移譲が進められてきたといえよう。しかし、多くの場合、母都市における産業基盤の整備は、周辺地方自治体へのスピルオーバーが認められる。したがって、母都市において集積のメリットが認識されている際には問題とならないが、母都市の負担が注目されるようになると産業基盤の整備は過少になる。このような認識は経済成長が停滞している場合にはより一層強くなることが予想される。

次に生活基盤に目を移せば、高次機能を備えた公営病院や都市型公園の整備を母都市の負担として考えることができる。また、民間事業者では不足する高齢者や子育て世帯向けの住宅の供給や、上下水道等の地方公営企業による事業も母都市においては先導的な役割を果たさなければならない場合も存在する。また多くの生活基盤の整備は地価の高騰に見合うだけの財源を見つけることが困難なため、母都市における施設は狭小なものとなりやすい。

以上より、都市財政の特徴を都心と周辺とに分ければ、その傾向を次のようにまとめることができよう。まず、大都市圏内の中心都市では、産業基盤を整備するために他地域よりも土木費が多くかかるとともに外郭団体等への出資や繰入を通じた政策を展開するようになる。その結果、法人所得や法人の外形基準、固定資産への課税を通じた豊富な財源を保有する。他方、周辺の地方自治体においては、都心へ労働力を供給する住民を抱えており、住民の生活基盤を提供する必要がある。その反面、住民の所得や固定資産への課税を通じた豊富な財源を保有することとなる。

2. 各都市圏の変化

都市財政に一般的な傾向は上記のようにとらえることができるが、日本の大都市圏ではどのように変化してきたのだろうか。第二次大戦後の日本では高度成長期を通じて都市化が進行してきたことは周知の事実であるが、その後の都市圏の人口、経済の変化は一方向に進んでいるわけではない[2)]。

以下では、首都圏、中京圏、近畿圏を対象とし、その中心となる広域行政体と狭域行政体を、それぞれ、東京都と特別区、愛知県と名古屋市、大阪府と大阪市、と見なして分析を進める。まずはその都市を概観することが便宜的であろう。そこで、以下では人口動態と経済指標について考察を進めよう。

(1) 母都市の人口動態

まず、三大都市圏の中心部の人口を追跡すると表2-1のとおりである。東京都ならびにその50キロ圏における人口が突出し増加していることが確認できる。増加傾向にある東京都と愛知県に対して、大阪は50キロ圏においても大阪府においても微減していることがわかる。つまり、三大都市圏の母都市として広域行政を担う三都府県のうち、大阪府はすでに人口増に対応する段階ではないといえよう。また、愛知県についても人口の増加幅は決して大きなものではない。

他方、特別区、名古屋市、大阪市の人口の変化を同じく表2-1で確認

表2-1　三大都市圏における人口の推移

（単位：1,000人）

	東京50キロ圏			名古屋50キロ圏			大阪50キロ圏		
		東京都			愛知県			大阪府	
			特別区			名古屋市			大阪市
1990年	29,200	11,856	8,164	8,432	6,691	2,155	16,210	8,735	2,624
2000年	30,724	12,064	8,135	8,852	7,043	2,172	16,567	8,805	2,599
2005年	31,622	12,577	8,490	9,025	7,255	2,215	16,268	8,817	2,629
2010年	32,714	13,159	8,946	9,193	7,411	2,264	16,343	8,865	2,665
2015年	33,335	13,515	9,273	9,241	7,483	2,296	16,260	8,839	2,691

（注）括弧内の数値は構成比を示している
（出所）国立社会保障・人口問題研究所、総務省統計局ホームページより作成

すれば、いずれも増大していることがわかる。特に2000年代後半以降には、特別区や名古屋市だけでなく、大阪市でも人口が増大している。

このように、首都圏や中京圏においてはその中心となる広域行政体と狭域行政体ともに人口が増大しているものの、近畿圏においては、大阪府の人口が減少しつつも大阪市では増加傾向にあることがわかる。繰り返しになるが、こうした違いは、当然ながら住民の求める公共サービスの内容や税収にも反映されることとなる。

⑵ 母都市の経済活動の変化

次に経済活動についてである。各都市ともに多様な統計が存在するが、比較しやすいように、ここでは県民経済計算の指標を用いて考察を進める。

東京都と愛知県と大阪府の県内総支出の値を用いて、その経済状況を確認すれば、表2-2のとおりである。名古屋市と大阪市についてはそれぞれ愛知県と大阪府の値との比率を確認できる。愛知県に対する名古屋市の指標は1990年代には40%弱であったものの、その後徐々に低下し、2015年度（平成27年度）には33.7%となっている。他方、大阪市は1990年（同2年）には57.1%であったが、名古屋市と同様減少して50.1%である。都市圏の中心部で生じる付加価値の割合は徐々に減少している。中心部の人口の増大に対して、付加価値の割合は増大していないといえよう。

次に、総資本形成の推移について確認すれば、県内総生産と異なる動向が見られる。東京都、愛知県、大阪市ともに2010年（平成22年）までは構成比率が減少傾向にある。その後、2015年度（同27年度）には増大している点も共通している。

このように、経済活動を確認する限り、付加価値としては中心と周辺の状況は少しずつ変化しているように見える。特に大阪においては、経済活動の低下とともに中心部に人口が集まってきているものの、公的固定資本形成の水準が低下していることからわかるように、それぞれの地方自治体の経済活動への関わり方も変化してきていることが予想される。以上を踏まえて、次にこの間の財政の動向を確認したい。

表2-2　三大都市圏の母都市における経済活動の推移

(単位：億円、%)

	東京都　県内総支出		東京都　県内総資本形成		東京都　公的固定資本形成	
1990年度	774,887 (100.0)		223,041 (28.8)		29,867 (3.9)	
2000年度	841,934 (100.0)		170,195 (20.2)		25,301 (3.0)	
2005年度	993,614 (100.0)		142,863 (14.4)		20,552 (2.1)	
2010年度	919,257 (100.0)		120,342 (13.1)		18,545 (2.0)	
2015年度	1,038,047 (100.0)		150,162 (14.5)		22,201 (2.1)	
	愛知県　県内総支出	名古屋市 県内総支出	愛知県　県内総資本形成	名古屋市 県内総資本形成	愛知県　公的固定資本形成	名古屋市 公的固定資本形成
1990年度	299,964 (100.0)	117,815 (39.3)	104,305 (34.8)	30,662 (10.2)	12,386 (4.1)	4,201 (1.4)
2000年度	333,646 (100.0)	126,226 (37.8)	84,856 (25.4)	26,876 (8.1)	13,968 (4.2)	6,430 (1.9)
2005年度	356,092 (100.0)	129,280 (36.3)	81,714 (22.9)	22,582 (6.3)	9,418 (2.6)	3,895 (1.1)
2010年度	320,727 (100.0)	117,613 (36.7)	62,763 (19.6)	19,274 (6.0)	8,386 (2.6)	4,303 (1.3)
2015年度	395,297 (100.0)	133,049 (33.7)	93,517 (23.7)	23,623 (6.0)	9,940 (2.5)	3,013 (0.8)
	大阪府　県内総支出	大阪市 県内総支出	大阪府　県内総資本形成	大阪市 県内総資本形成	大阪府　公的固定資本形成	大阪市 公的固定資本形成
1990年度	385,758 (100.0)	220,208 (57.1)	106,146 (27.5)	56,494 (14.6)	15,845 (4.1)	6,820 (1.8)
2000年度	398,318 (100.0)	220,261 (55.3)	78,715 (19.8)	39,356 (9.9)	13,642 (3.4)	5,328 (1.3)
2005年度	381,823 (100.0)	209,342 (54.8)	73,812 (19.3)	34,317 (9.0)	9,598 (2.5)	3,928 (1.0)
2010年度	391,926 (100.0)	186,461 (47.6)	62,020 (15.8)	27,692 (7.1)	9,852 (2.5)	3,644 (0.9)
2015年度	390,181 (100.0)	195,342 (50.1)	69,804 (17.9)	33,460 (8.6)	12,254 (3.1)	5,245 (1.3)

(注) 括弧内の数値は構成比を示している
(出所) 内閣府ホームページより作成

3．大都市財政の動向

大都市の地方自治体における財政、三大都市圏にしぼった上で、東京都と愛知県、大阪府の財政の動向を概観し、その後特別区、名古屋市、大阪市について検討していく。

(1) 東京都、愛知県、大阪府における財政の動向

まず表2-3は、各地方自治体について、2001年度（平成13年度）から2016年度（同28年度）までの主たる目的別経費の歳出の推移と各歳入項目の推移を示している。

東京都の歳入の推移を確認する上で、まず目を引くのが豊富な地方税収である。歳入のうち地方税収の占める割合は、都道府県全体で見ると30～40%程度で推移しているのに対して、70%前後である。ただし、この比率は、いわゆる法人二税の税収の高さだけではない。東京都においては、都区財政調整制度を導入しているため、市町村税である固定資産税も東京都が徴収している。固定資産税の東京都における地方税収に

表2-3　東京都、愛知県、大阪府の財政指標の推移

東京都歳出

	総務費		民生費		土木費		教育費	
2001年度	5,094	(8.2)	5,776	(9.3)	9,529	(15.3)	9,407	(15.1)
2005年度	7,025	(11.3)	5,418	(8.7)	9,235	(14.8)	8,949	(14.4)
2010年度	3,588	(6.0)	7,318	(12.2)	8,720	(14.5)	9,244	(15.4)
2015年度	7,409	(10.7)	9,698	(14.0)	7,891	(11.4)	9,640	(13.9)

東京都歳入

	地方税		地方交付税		国庫支出金		地方債	
2001年度	44,009	(68.8)	0	(0.0)	5,414	(8.5)	3,285	(5.1)
2005年度	46,027	(71.5)	0	(0.0)	4,156	(6.5)	3,007	(4.7)
2010年度	41,901	(67.9)	0	(0.0)	4,528	(7.3)	3,523	(5.7)
2015 年度	51,624	(71.8)	0	(0.0)	3,758	(5.2)	1,562	(2.2)

愛知県歳出

	総務費		民生費		土木費		教育費	
2001年度	1,075	(4.8)	1,697	(7.6)	3,266	(14.7)	6,014	(27.1)
2005年度	1,248	(6.0)	1,861	(9.0)	2,662	(12.8)	5,889	(28.4)
2010年度	1,358	(6.3)	2,876	(13.4)	1,920	(8.9)	5,659	(26.3)
2015年度	827	(3.6)	3,611	(15.8)	1,798	(7.9)	5,800	(25.5)

愛知県歳入

	地方税		地方交付税		国庫支出金		地方債	
2001年度	10,898	(48.7)	1,387	(6.2)	3,342	(14.9)	2,806	(12.5)
2005年度	10,887	(52.2)	877	(4.2)	2,249	(10.8)	2,411	(11.6)
2010年度	9,267	(42.8)	578	(2.7)	2,258	(10.4)	4,774	(22.0)
2015年度	12,603	(54.8)	797	(3.5)	2,074	(9.0)	2,626	(11.4)

大阪府歳出

	総務費		民生費		土木費		教育費	
2001年度	1,080	(4.0)	2,576	(9.5)	4,401	(16.3)	7,660	(28.3)
2005年度	1,036	(3.9)	2,694	(10.2)	3,564	(13.5)	7,251	(27.5)
2010年度	8,550	(23.5)	4,154	(11.4)	2,265	(6.2)	6,477	(17.8)
2015年度	962	(3.4)	5,006	(17.7)	2,115	(7.5)	6,756	(23.9)

大阪府歳入

	地方税		地方交付税		国庫支出金		地方債	
2001年度	11,345	(42.1)	2,965	(11.0)	3,966	(14.7)	3,356	(12.5)
2005年度	11,134	(42.3)	2,790	(10.6)	2,624	(10.0)	2,091	(8.0)
2010年度	9,860	(26.8)	2,995	(8.1)	2,873	(7.8)	4,051	(11.0)
2015年度	12,840	(45.1)	2,826	(9.9)	2,491	(8.7)	2,892	(10.2)

（注）括弧内の数値は構成比を示している
（出所）総務省「地方財政統計年報」各年度版より作成

（単位：億円、%）

公債費		特別区調整交付金		その他		総額	
6,569	(10.6)	8,305	(13.3)	17,554.0	(28.2)	62,234	(100.0)
7,231	(11.6)	8,602	(13.8)	15,739.9	(25.3)	62,202	(100.0)
5,598	(9.3)	8,676	(14.4)	16,979.2	(28.2)	60,123	(100.0)
5,313	(7.7)	9,964	(14.4)	19,432.4	(28.0)	69,347	(100.0)

その他		総額	
11,220	(17.6)	63,928	(100.0)
11,144	(17.3)	64,334	(100.0)
11,755	(19.0)	61,707	(100.0)
14,918	(20.8)	71,863	(100.0)

公債費		その他		総額	
2,581	(11.6)	7,558	(34.1)	22,192	(100.0)
2,682	(12.9)	6,394	(30.8)	20,736	(100.0)
3,349	(15.6)	6,337	(29.5)	21,500	(100.0)
3,763	(16.5)	6,987	(30.7)	22,786	(100.0)

その他		総額	
3,930	(17.6)	22,364	(100.0)
4,436	(21.3)	20,859	(100.0)
4,787	(22.1)	21,664	(100.0)
4,884	(21.2)	22,983	(100.0)

公債費		その他		総額	
3,287	(12.2)	8,038	(29.7)	27,043	(100.0)
3,341	(12.7)	8,446	(32.1)	26,332	(100.0)
3,170	(8.7)	11,803	(32.4)	36,418	(100.0)
4,026	(14.3)	9,372	(33.2)	28,236	(100.0)

その他		総額	
5,286	(19.6)	26,917	(100.0)
7,654	(29.1)	26,293	(100.0)
17,041	(46.3)	36,819	(100.0)
7,419	(26.1)	28,468	(100.0)

占める比率は20%程度である。

他方、歳出を確認すると、民生費が増大し、土木費が減少傾向にあり、この傾向は都道府県全体の推移と同じである。ただし、東京都においては、他と比較して民生費の水準が低いことと土木費の水準が高いことが特徴的である。

次に愛知県の歳入については、東京都に比べて地方税収が占める割合が低い。特に地方税収の変動は大きく、リーマンショックをはさんだ2005年度(平成17年度)から2010年度(同22年度)の間に急減している。他方、歳出を確認すると、同様に民生費の増大と土木費の減少が見られる。民生費については他の都道府県と同水準であるものの、土木費の割合は相対的に低水準である。

最後に大阪府の歳入については、東京都や愛知県と比較して地方税収の占める割合が低い。と同時に、愛知県と同様に変動が大きいことも特徴的である。なお、地方交付税の占める割合が10%前後で推移しており、この点は東京都や愛知県とは異なる。歳出については東京都、愛知県と同様の傾向が見られるが、民生費が高水準であることと同時に、土木費の水準が他の都道府県と比べても低水準である点に特徴を見出せる。

以上のように、三大都市圏における東京都、愛知県、大阪府を比較すると、共通している点と差異とが確認できる。どの地域においても民生費が増大し、土木費が減少しているが、依然として土木費の割合が高いのが東京都である。また、民生費については大阪府の水準が高い。他方、これらの経費を支える歳入については、東京都は突出して地方税収の割合が高いものの、その歳入については特別区と一体として考察しなければならず、愛知県や大阪府との単純な比較はできない。ただし、不交付団体であり続ける東京都や2000年代に不交付団体であった愛知県に対して、早くに地方税収の落ち込みと民生費の増大を経験した大阪府は地方交付税の交付を受けている。ただし、その割合は都道府県全体からすれば低水準であった。

⑵ 特別区、名古屋市、大阪市における財政の動向（表 2-4）

次に市区町村に目を移したい。最初に東京都における 23 の特別区の変化についてである。特別区の歳出で目を引くのが民生費の規模と構成比の上昇である。2001 年度（平成 13 年度）から 2015 年度（同 27 年度）にかけて同費目は 1 兆 20 億円から 1 兆 7741 億円へと増加し、構成比は 36.5%から 50.6%へと増大している。公債費が相対的に低水準であり、土木費についてもほとんど変動は見られない。こうした変化は特別区の事務配分にあるといえよう。

他方、歳入については全国の市町村と同様に国庫支出金の増大と地方債の減少が顕著であり、それぞれ 2001 年度（平成 13 年度）から 2015 年度（同 27 年度）にかけて 2039 億円から 6592 億円、3054 億円から 453 億円へと変化している。同時に地方税は 8158 億円から 1 兆 551 億円へと増加し、特別区財政調整交付金も 6318 億円から 9763 億円へと増加している。地方税と特別区財政調整交付金とを合算すれば、この期間の増大幅は 5837 億円である。同期間の国庫支出金の伸びを上回るものである。このように特別区においては、国庫支出金を上回る規模で地方税等の一般財源が増加しているものの、民生費の増加が 1 兆円以上であることについては留意しなければならない。この点については次節（Ⅲ.）において取り扱う。

次に名古屋市の歳出においても特別区と同様に民生費が増大している。ただし、その水準は 2015 年度（平成 27 年度）においても 38.3%であり、特別区のように 50%を越えているわけではない。他方、土木費については 2000 年代に大きく減少しており、2015 年度（同 27 年度）における構成比は 13.3%である[3)]。東京都と異なり、名古屋市が都心のインフラ整備に関する事務を担うものの、構成比については特別区と大差がない。また、公債費についてはあまり減少しておらず、土木費と同水準である。

名古屋市の歳入については、地方税収の比率が高い。特別区財政調整制度がないため、特別区と比較することはできないが、50%前後を推移しており、全国の市町村よりも高水準である。他方、国庫支出金は他の

表2-4　特別区、名古屋市、大阪市の財政指標の推移

特別区歳出

	総務費		民生費		土木費		教育費	
2001年度	4,534	(16.5)	10,020	(36.5)	3,174	(11.6)	4,021	(14.7)
2005年度	4,013	(14.4)	11,599	(41.5)	3,088	(11.0)	3,985	(14.3)
2010年度	3,849	(12.5)	15,058	(49.0)	3,011	(9.8)	4,222	(13.7)
2015年度	4,915	(14.0)	17,741	(50.6)	3,304	(9.4)	4,644	(13.3)

特別区歳入

	地方税		地方消費税交付金		特別区財政調整交付金		国庫支出金	
2001年度	7,933	(27.9)	1,233	(4.3)	8,305	(29.2)	2,833	(10.0)
2005年度	8,287	(28.5)	1,266	(4.4)	8,602	(29.6)	3,394	(11.7)
2010年度	9,049	(28.5)	1,320	(4.2)	8,676	(27.3)	5,012	(15.8)
2015年度	10,083	(27.6)	2,536	(7.0)	9,964	(27.3)	6,080	(16.7)

名古屋市歳出

	総務費		民生費		土木費		教育費	
2001年度	731	(6.8)	2,136	(19.8)	2,541	(23.5)	1,068	(9.9)
2005年度	698	(7.3)	2,427	(25.3)	1,868	(19.5)	885	(9.2)
2010年度	687	(6.7)	3,245	(31.5)	1,652	(16.0)	904	(8.8)
2015年度	541	(5.2)	4,008	(38.3)	1,395	(13.3)	847	(8.1)

名古屋市歳入

	地方税		地方消費税交付金		地方交付税		国庫支出金	
2001年度	4,806	(44.1)	260	(2.4)	326	(3.0)	949	(8.7)
2005年度	4,735	(49.1)	260	(2.7)	44	(0.5)	967	(10.0)
2010年度	4,762	(46.0)	270	(2.6)	46	(0.4)	1,386	(13.4)
2015年度	5,056	(47.8)	503	(4.8)	76	(0.7)	1,613	(15.2)

大阪市歳出

	総務費		民生費		土木費		教育費	
2001年度	1,346	(7.2)	4,503	(24.2)	4,719	(25.4)	1,935	(10.4)
2005年度	1,278	(7.7)	5,212	(31.3)	3,381	(20.3)	1,450	(8.7)
2010年度	1,274	(7.8)	6,539	(39.8)	2,272	(13.8)	1,067	(6.5)
2015年度	928	(5.7)	7,118	(43.7)	1,841	(11.3)	1,268	(7.8)

大阪市歳入

	地方税		地方消費税交付金		地方交付税		国庫支出金	
2001年度	6,655	(35.7)	386	(2.1)	799	(4.3)	2,548	(13.7)
2005年度	6,286	(37.7)	374	(2.2)	607	(3.6)	2,736	(16.4)
2010年度	6,260	(38.1)	371	(2.3)	480	(2.9)	3,334	(20.3)
2015年度	6,601	(40.4)	663	(4.1)	419	(2.6)	3,576	(21.9)

（注）括弧内の数値は構成比を示している
（出所）総務省「地方財政統計年報」各年度版より作成

（単位：億円、%）

公債費		その他		総　額	
2,049	(7.5)	3,646	(13.2)	27,444	(100.0)
1,857	(6.6)	3,413	(12.2)	27,954	(100.0)
1,108	(3.6)	3,492	(11.4)	30,740	(100.0)
889	(2.5)	3,549	(10.2)	35,043	(100.0)

都道府県支出金		地方債		その他		総　額	
1,321	(4.6)	850	(3.0)	5,992	(21.0)	28,468	(100.0)
1,341	(4.6)	545	(1.9)	5,632	(19.4)	29,069	(100.0)
1,802	(5.7)	485	(1.5)	5,378	(17.0)	31,722	(100.0)
2,226	(6.1)	478	(1.3)	5,103	(14.0)	36,470	(100.0)

公債費		その他		総額	
1,559	(14.4)	2,766	(25.6)	10,801	(100.0)
1,496	(15.6)	2,229	(23.2)	9,603	(100.0)
1,455	(14.1)	2,352	(22.8)	10,294	(100.0)
1,440	(13.8)	2,238	(21.4)	10,469	(100.0)

都道府県支出金		地方債		その他		総額	
160	(1.5)	1,497	(13.7)	2,904	(26.6)	10,904	(100.0)
185	(1.9)	977	(10.1)	2,476	(25.7)	9,644	(100.0)
381	(3.7)	1,226	(11.8)	2,275	(22.0)	10,347	(100.0)
478	(4.5)	622	(5.9)	2,237	(21.1)	10,585	(100.0)

公債費		その他		総額	
2,117	(11.4)	3,957	(21.3)	18,577	(100.0)
2,122	(12.7)	3,204	(19.2)	16,647	(100.0)
2,234	(13.6)	3,027	(18.4)	16,412	(100.0)
2,794	(17.1)	2,353	(14.4)	16,301	(100.0)

都道府県支出金		地方債		その他		総額	
215	(1.2)	2,325	(12.5)	5,694	(30.6)	18,621	(100.0)
268	(1.6)	1,870	(11.2)	4,523	(27.1)	16,664	(100.0)
488	(3.0)	1,474	(9.0)	4,020	(24.5)	16,426	(100.0)
661	(4.1)	1,019	(6.2)	3,382	(20.7)	16,320	(100.0)

市町村と同様に増加しており、2015年度（平成27年度）には15.2%を占めるようになっている。

最後に大阪市の歳出については、名古屋市と比較して民生費の割合が高い。2015年度（平成27年度）においては43.7%である。他方、土木費については名古屋市と同様に減少しており、その構成比は2015年度（同27年度）に11.3%にまで低下している。ただし、公債費の構成比は名古屋市よりも水準が高く、同年度において17.1%である。大阪市の歳入については、地方税の割合が名古屋市と比較して低い。これは交付団体であることや国庫支出金の構成比率が高いことと関係があろう[4)]。

このように、各大都市圏の中心となる特別区、名古屋市、大阪市の財政状況を概観してきたが、3つの事例に共通するのは、他の市町村と比較して地方税収が豊富で、増加傾向にあることである。同時に国庫支出金についても増加傾向にあり、地方交付税の規模は小さい。

他方、これらは都市財政において想定される特徴とも乖離しているように見える。本節（Ⅱ.）の1. で確認したとおり、産業の中心となる都市部では、生産基盤の形成が期待されている。しかし、実際の財政の動向を見る限り、生産基盤に関する経費である土木費は減少傾向にある。代わりに郊外の都市で期待されている生活基盤への経費が増大している。この変化は、中心都市が果たす役割が変化してきていることとも関係があることが予想される。

4. 経常収支比率の変化

以上のような変化の中で浮かび上がってくるもうひとつのパズルは、分権改革の中で国庫支出金の割合が高まっている点である。分権改革の過程では地方自治体の裁量性を高めることが期待されており、実際、三位一体の改革の過程では、地方交付税の改革と同時に国庫支出金の改正も進められてきた。こうしたパズルについて考えるために、以下では経常収支比率の推移について考察する。経常収支比率は、経常経費充当一般財源の経常一般財源等の合計額に対する割合を示したものである。都市問題に対応する地方自治体の権能を問題にする際にも、経常収支比率に表れる都市財政の硬直性は重要な指標である。この割合が100%であれば、定義上は一般財源が全て経常的な経費に使われていることを示す[5)]。

そこでまずは、東京都、愛知県、大阪府の経常収支比率について確認する。東京都は2000年代に低下しており、2001年度（平成13年度）に90.3%であったのが2017年度（同29年度）には82.2%である。愛知県は2001年（同13年）に96.8%であったのが、2008年度（同20年度）に89.1%にまで低下し、そこから2017年度（同29年度）には99.1%にまで上昇している。大阪府は2001年度（同13年度）に103.1%であったのが2010年（同22年）までに91.3%にまで低下し、その後再び上昇して2017年度（同29年度）には100.5%にまで上昇している。

東京都については分権化とともに硬直性が低下しているものの、愛知県や大阪府についてはいったん低下した経常収支比率が再度上昇し、硬直化が進んでいることが確認できる。東京都と、愛知県ならびに大阪府との違いについては、上述のとおり民生費の水準と地方税収の水準にある。

他方、特別区、名古屋市、大阪市の経常収支比率の推移を見れば、特別区については2000年代では高くても80%台であり、相対的に低水準で推移している。名古屋市は2001年（平成13年）に91.2%であったのが2017年度（同29年度）には99.2%にまで上昇している。大阪市は2001年（同13年）に99.8%であり、2017年度（同29年度）には98.3%であったものの、100%前後で推移している。

このように特別区においては経常収支比率が低下してきたが、名古屋市では上昇し、大阪市についても高水準で推移している。こうした違いが出る理由を上述の歳出および歳入面から考えれば、民生費だけでなく公債費の比率が影響していることが想像できる。これまでの考察をまとめれば、それぞれの共通点は認められるものの、人口動態や経済活動にともなう都市の役割の変化だけでなく、財政制度に規定された要因もある可能性を否定できない。つまり、中心都市が果たさなければならない財政の役割を、その硬直性によって、十分に果たせなかった可能性がある。ただし、そうした可能性を探り、経常収支比率の変化の理由を明らかにするためには、民生費に含まれる事業について検討することと、都市部の地方税に影響を与えた税制およびその経済基盤について考察することが必要であろう[6)]。

Ⅲ．歳出面における都市財政の硬直化

前節において確認したように、都市財政の硬直化は社会保障関係費の増大とともに進展してきた。そこで次に、そのメカニズムについて考察を進めよう。そのために、まずはその経費の詳細を把握することから始めたい。

1．民生費の推移

地方自治体の財政全般にいえることでもあるが、都市財政においても民生費の増大は顕著である。この民生費とはどのような経費なのだろうか。民生費は目的別に経費を見た場合の費目であるが、この目的別とは、政府部門の支出をその目的によって分類したものである。この分類は、政府部門が公共サービス供給のためにどのような手段で支出を行ったかを示す性質別経費と対を成すものである。性質別経費では扶助費として整理されるものと目的別経費において民生費として整理されるものとは共通した事業が多い。

民生費の内訳の主なものとしては、社会福祉費、老人福祉費、児童福祉費、生活保護費をあげることができる。民生費について財源別にみれば、2017年度（平成29年度）においてはおおよそ30%が国庫支出金によるものである（総務省 2019: 53頁）。市町村のうち政令指定都市に限ってみれば、表2-5のとおりである。

民生費の財源内訳を見ていくと、2012年度（平成24年度）の国庫支出金および道府県支出金の割合は、46.1%であったが、2017年度（同29年度）には49.2%である。他方同期間の一般財源等の割合は48.9%から46.5%へと低下している。ただし、国庫支出金の増加とともに一般財源

表2-5　政令指定都市における民生費と財源内訳の推移

（単位：億円、%）

	民生費				民生費の財源内訳		
		うち社会福祉費の繰出金	うち老人福祉費の繰出金	うち生活保護費の扶助費	国庫支出金・都道府県支出金	一般財源等	その他
2012年度	44,240 (100.0)	2,688 (6.1)	5,098 (11.5)	12,615 (28.5)	20,408 (46.1)	21,624 (48.9)	2,207 (5.0)
2013年度	44,870 (100.0)	2,712 (6.0)	5,300 (11.8)	12,685 (28.3)	20,641 (46.0)	22,104 (49.3)	2,125 (4.7)
2014年度	47,406 (100.0)	2,798 (5.9)	5,544 (11.7)	12,804 (27.0)	22,266 (47.0)	22,893 (48.3)	2,246 (4.7)
2015年度	48,774 (100.0)	3,121 (6.4)	5,799 (11.9)	12,862 (26.4)	23,600 (48.4)	22,985 (47.1)	2,188 (4.5)
2016年度	50,641 (100.0)	2,921 (5.8)	5,963 (11.8)	12,715 (25.1)	25,128 (49.6)	23,327 (46.1)	2,186 (4.3)
2017年度	51,520 (100.0)	2,786 (5.4)	6,183 (12.0)	12,658 (24.6)	25,350 (49.2)	23,935 (46.5)	2,235 (4.3)

（注）括弧内の数字は民生費に対する比率を示している
（出所）総務省「地方財政統計年報」各年度版より作成

の負担は縮小しているかといえば、そうではない。この間に民生費全体では7280億円増大しているが、そのうち扶助費は5420億円増大している。他方、国庫支出金の増額は4942億円であり、一般財源等の増額は2310億円である。扶助費が増大する中で、一般財源等も確実に増加しているのである。以下では、いくつかの事例で詳細を見ていこう。

2．国民健康保険事業、後期高齢者医療制度への繰入

まず、民生費の増大において指摘されるのが医療、介護に関する社会保険との関係である。

国民健康保険事業は、皆保険制度成立以降市町村単位で管理されてきたが、現在は都道府県単位で管理すべく広域化が図られている。しかし、保険料率はなお同一都道府県内でも市町村間で差が残っている状況である。国民健康保険は、保険制度ではあるものの、周知のとおり、その給付費を保険料のみで賄えているわけではない。国民健康保険の給付費の主たる財源は国民健康保険の保険料と他の保険から交付金（前期高齢者交付金)、公費負担の3つである。このうち公費負担については概ね半分は地方自治体の負担であり、都道府県と市町村で折半している。また、高額医療費共同事業についてはその半分を市町村が負担をし、国と都道府県がそれぞれ市町村の拠出金の半額ずつを負担する形となっている。その他にも法定外に一般会計から繰り入れているものもある[7)]。これは後述するように保険料の水準によって影響を受ける。

国民健康保険の加入者は、被用者保険に加入していない現役世代を対象として制度が設計されてきたものの、近年の新規加入者は被用者保険から抜けた前期高齢者が増大している。前期高齢者の占める割合が増加することによって上記の前期高齢者交付金の額は増大する。ただしその一方で、加入者の中では総体的に給付額の多い前期高齢者の増大は、市町村や都道府県が国民健康保険事業に繰り入れる支出の増大をもたらすこととなる。このように国民健康保険事業を通じても都道府県や市町村の一般会計が逼迫する仕組みが形成されているといえよう。

しかし、近年においてはその規模が拡大し続けているわけではない。国民健康保険会計への繰出は民生費のうち社会福祉費の繰出金に含まれる。政令指定都市におけるその規模を表 2-5 で確認すれば、2015 年度（平成 27 年度）まで増加しているものの、徐々に減少してきている。2015 年度（同 27 年度）より低所得者対策の強化として、保険料の軽減対象となる国の財政支援制度が導入された影響が考えられる。ただし、これまで硬直化の一因となっていたことや、依然として高い水準であることは変わりがない。

次に高齢者福祉についてである。そのうち、後期高齢者医療制度は国民健康保険事業に先だって、都道府県単位で管理されている。後期高齢者医療制度についても、その財源の約 5 割は公費負担によるものである。公費は国と都道府県と市町村とが負担をし、都道府県と市町村の負担水準はそれぞれ国の負担の 4 分の 1 である。このように後期高齢者医療制度と国民健康保険事業とは負担割合は異なるものの、基本的な構造は同じである。高齢化とともに、都市部の地方自治体の経費は、その裁量的な判断と関係なく増加することとなる。併せて、介護保険についても言及すれば、介護保険制度は、その給付額の半額が公費によって賄われている。さらに残りの公費のうち、2 分の 1 が都道府県、もう 2 分の 1 が市町村の負担である。

こうした後期高齢者医療制度ならびに介護保険への一般会計からの繰出は、民生費の老人福祉費の繰出金に含まれる。表 2-5 で確認すれば、政令指定都市においては、その金額も構成比率も増大傾向にある。

以上のような公的社会保険制度を中心として医療・介護は、高齢化とともに、地方自治体の一般会計からの繰出金が増大することとなる。こうした制度的特徴は、財政の硬直化が進むひとつの要因であるといえよう。

3．生活保護費の超過負担

財政の硬直化と民生費との関係について、次に、生活保護費を取り上げたい。政令指定都市における民生費における生活保護費のうち、扶助費の推移は表2-5のとおりである。構成比比率は徐々に低下しているものの、近年、金額としては大きな変化が見られない。都市財政と生活保護との関係については、古くから指摘されてきている。生活保護の被保護者は、都市への労働力の流入によって増大してきた歴史があり、現在においても都市部に地方自治体において多い傾向にある。

他方、後述するとおり、都市部における生活保護費と地方交付税に関する問題点について指摘することができる。星野（2009）は生活保護費の基準財政需要額について詳細な分析を行っている（星野 2009: 54-58頁）。同論文では、1990年代から2000年代にかけての生活保護費の決算額と基準財政需要額との乖離を指摘するとともに、種地別に単価差率の経年変化で見た場合、大都市にとって不利に働いた点を明らかにしている。

さらに、生活保護費は上述の国民健康保険事業とも関係がある。国民健康保険事業では、医療費の上昇を受けて保険料を引き上げざるを得なくなっている。しかし、保険料の引き上げは、保険料未納者の増大に結びつく。保険料未納者が医療を受けて、その支払いができない場合は、生活保護の医療扶助の対象となる場合がある。このように、この数十年間を見れば、生活保護事業は国による財源保障が徐々に弱まり、特に都市部地方自治体にとっては一般財源を多く用いなければならない事業となってきたといえよう。

Ⅳ．大都市における歳入の自治の制約

以上では、歳出面で都市部の地方自治体の財政が硬直化していく側面について考察した。民生費の増大にあらわれる都市の硬直化の進行は、社会保険制度等、地方自治体が裁量性を発揮しづらい制度に強く影響を受けるものであった。歳出面を考察する限り、硬直化が進行した主たる要因である民生費は、地方自治体にとって所与のものであったのである。

ただし、財政の硬直性は歳出のみでは決まらず、歳入によっても左右される。そこで、以下では都市部地方自治体の歳入に関する制度がどのように変化してきたかについて検討したい。その際、Ⅱ節の4. で触れたとおり、分権化過程で裁量性が低化した点に着目する。そこで、分権改革が進められた過程で都市部地方自治体の歳入に関する制度がどのように変化してきたかを確認しよう。

1．分権改革後における都市の税源

1970年代における2度にわたるオイルショックの財政運営への影響は、1980年代に入ると「増税なき財政再建」という形であらわれた。こうした流れは都市部地方自治体の財政も無関係ではなかった。都市部地方自治体では歳出面において「減量経営」が求められるようになり、歳入面においては法人の経済活動による税収に頼った財政に歯止めがかけられた形となった。

1990年代は減量的経営の方針から国の景気対策に動員される形で大規模な公共投資を実施する方針へと転換した。経済全体の回復に対しては十分に力を発揮できなかった時期でもあったものの、その一方で地方自治体の裁量性を高めようとした時期でもあった。1995年（平成7年）には地方分権推進委員会が設置され、機関委任事務の廃止が提言されたのである。その後、2000年代に入ってからは、三位一体の改革では、地方自治体側から負担金や補助金の廃止を求める声が上がった。ただし、分権改革が進められてきたものの、前述したとおり都市財政の硬直

化は改善してこなかった。

こうした傾向は現在までも続いているが、2010年代に入ると都市財政の要である法人への課税をめぐって制度が変化するようになる。まずは法人二税をめぐる制度改正についてである。

他方、近年地方税収で増大してきているものが地方消費税である。地方消費税については、地方法人二税に対して地域的偏在性の少ない税目である。2018年度（平成30年度）における人口1人当たりの税収額の指数について最小の道府県と東京都とを比較すれば、地方法人二税が最大5.9倍であるのに対して、地方消費税は最大1.3倍である。では、地方消費税についてはどのような制度変更があったのだろうか。

地方消費税は1997年（平成9年）の導入以来、都道府県と都道府県を通じた市町村への交付が行われてきた。ただし、税率の引き上げにともなう地方消費税の増収は都市財政においては手放しで喜べるものではなかった。というのも、町田（2016b）が明らかにしているように、同時期に税源交換論に基づく法人住民税の交付税原資化がなされたためである（町田 2016b: 57-60頁）。

本来都市の重要な財源であった法人税収は事実上国税化する傾向にあり、新たな財源である地方消費税が実質法人税収と交換する方針が採られてきた。他方、Ⅱ節の2. ⑵で確認したとおり、都市の中心部での公的資本形成は従来のような規模では実施されなくなっている。都心での産業基盤の形成と、法人所得等がもたらす豊富な税収という都市部地方自治体の循環が失われてきたものととらえることができよう。

ただし、財政の仕組みからすれば、この点をもって経常収支比率が低下しない可能性がある。というのも、国税化が図られた結果、地方自治体の財源保障が拡充される余地も増大するためである。したがって、1990年代までの分権改革と同様に、「増税なき財政再建」の方針は、都市部の地方自治体においては消費課税と法人課税との交換をもって対応するような事態に帰結していくこととなったのである。こうした結果になったのには、そもそも国が果たすべき財源保障機能や財政調整機能が低下してきた可能性がある。

そもそも地方税の原則についてはいくつかあげることができるが、ドイツにおけるシャンツとヘンゼルの論争を整理した井藤（1971）は、①課税の地域的均衡、②租税客体の地域的普遍性、③財政需要への適応性、④税収の安定性、⑤利益原則の加味、⑥客体の定着性、⑦客体の分割性、⑧課税の非収入目的の地方特殊性、の８つにまとめている。

法人二税に対する考え方の整理については、こうした原則の①課税の地域的均衡に照らし合わせたものと見ることもできよう。ただし、ここでの地域的均衡とは限界的社会犠牲の地域間の均等についてであり、近年の日本での議論とは距離があるといえよう。日本での議論のように地域間の財政格差の是正については、本来、財政調整機能を期待されている地方交付税制度が担う役割である。そこで問題は、なぜ地方交付税制度が地域間の財政力格差を十分に調整できなくなったのか、と言い換えることができる。

2．基準財政需要額算定の限界

以上で確認したとおり、地方税制自体に地域間の格差の是正という視点が盛り込まれるようになってきた。本章において残された課題は、こうした地方税制の変化が生じるようになった理由について考察することである。

地方交付税制度は周知のとおり、国税の一部を財源として、地方自治体の財源を保障しつつ、地方自治体間の財政力格差を是正する役割を果たしている。その際、標準団体における基準財政需要額と基準財政収入額をもとに交付額を決定している。しかし、星野（2009）が生活保護費において指摘するように、基準財政需要額が実際の経費を十分に見積もれていない可能性もある（星野 2009: 62頁）。上述したように、民生費の増大は、地方自治体の一般財源を用いているが、その基準財政需要が実際の経費のよりも少なければ、より硬直化が進行することとなる。

なお、都市部の基準財政需要額については不交付団体であっても同様である。東京都は1954年（昭和29年）の地方交付税制度導入以来不交付団体である。豊かな税源を抱える東京都は基準財政収入額が基準財政

表2-6　東京都普通交付税の算定結果

		2003年度	2008年度	2013年度	2018年度
基準財政収入額(A)		28,500	48,394	38,699	47,322
	道府県分	14,809	25,163	17,688	23,067
	大都市分	13,691	23,230	20,981	24,255
基準財政需要額(B)		34,735	31,686	35,360	35,635
	道府県分	15,305	17,391	19,765	19,957
	大都市分	19,431	14,295	15,595	15,679
財源超過額(A)-(B)		6,326	16,708	3,309	11,687
	道府県分	496	7,773	-2,076	3,111
	大都市分	5,740	8,935	5,386	8,576

（出所）東京都ホームページより作成

需要額を常に上回っている。しかし、東京都が公表している「東京都普通交付税の算定結果について」においては、都市部の財政需要が計測されていない点について毎年度主張している。

さらに、表2-6で示すとおり、特別区制度のもとでは地方交付税制度における問題点を抱える。東京都については、道府県行政を算定する道府県分と、特別区の区域内で東京都と特別区が行う市町村行政を算定する大都市分を合算し、1つの地方自治体とみなして算定が行われる。そのため、表中の2013年度（平成25年度）のように道府県分において財源超過額がマイナスであったとしても、大都市分においてプラスであれば相殺されるのである。

したがって、仮に再都市化が進行して母都市の基礎自治体が経済的に豊かになったとしても、現行の地方交付税法のもとでの特別区制度では、財政需要の実態を反映した財源保障がなされない可能性があるといえよう。

V．おわりに

以上のとおり、大都市圏の母都市においては、従来先行研究で都市財政について取り扱われてきたように、依然として公共サービスを十分に供給できない財政構造であることを再確認した。ただし、その問題はより深刻になっている。地方分権一括法以前の機関委任事務のような直接的な統制は薄れてきているものの、人口動態の影響は、社会保険会計への繰出や国庫支出金の裏負担に代表されるように一般財源を圧迫しており、その傾向は今後も続いていくことが予想される。東京以外の経済指標は芳しくなく、それにもかかわらず、都市的需要を賄ってきた法人課税は国税化の傾向が続いており、地方消費税の増税も民生費の増加を補えていない。

この仕組みを変化させるには、社会保険による給付や扶助費に代表される現金給付を、住民の生活を保障する形で現物給付に切り替えて行く方向性が考えられる。しかし、実際の地方自治体の制度を考えれば、そのような余力はない。これは、特別区においても同様である。東京都において他地域と異なるのは人口と経済指標の高さであって、財政制度においては変わらない。

他方で、都市財政の歳入面について考えれば、活発な経済活動によって得られた所得への課税と、高度な都市機能の恩恵を受ける固定資産への課税を通じた歳入の確保を欠かすことができない。しかし、こうした都市の税源のうち、法人所得への課税分については国税化が進められてきた。さらに、東京一極集中の是正という問題意識にあらわれるように、地域間の再分配が取り上げられてきたが、地方交付税の改革は都市部の財源保障には結びついていない。

こうした都市財政の隘路を進むために、民営化や官民連携が行われているものの、十分な規模にはなっていない。より抜本的な対策として大都市制度の変更という案が浮上するのも理解される。しかし、本章で見てきたとおり、広域行政と狭域行政の整理が新たな財源を生み出すものではない。双方とも財政は逼迫しているのである。

したがって、財政面から考えれば、地方交付税や国庫支出金を抜本的に見直すか、もしくは地方税のあり方を変えなければ、現状の制度変更による効果は限定的なものにならざるを得ないだろう。ただし、換言すれば、経済活動に見合った税収の確保と、産業基盤への再投資や生活基盤の拡充とが両輪となって進められる財政制度の構築があらためて求められているのである。

とはいえ、かつてのように国と地方自治体との綱引きによってこうした問題が解決するとはいいがたい。本章で確認したとおり、国全体の財政が逼迫しているところで、相対的に豊かであった都市財政が犠牲になってきた。今後の都市財政をめぐる議論は、直面する問題を解決するため、国と地方自治体全体で増税を行って公の充実をはかる方針と、より大規模な民営化をともなった未知の解決策を模索する方針とを両端としながら進められることが予想される。大都市制度における地方自治体の権能も、そうした方針に沿って定められるべきであるといえよう。

注

1) 道府県税としては地方消費税が税率の引き上げに伴い、基幹税として位置づけられるようになってきているといえよう。ここでは、従来からの議論をまとめるため、所得課税と資産課税を中心に説明する。

2) 町田（2016a）は、地域間格差の分析において、変動係数やジニ係数、タイル尺度等の指標では東京圏と他地域との差が明らかにされないことを指摘し、地方税収の動向から接近を試みている（町田 2016a: 2 頁）。本章においても同様の問題意識から、地方税収の基礎となりうる人口、県内総生産、資本形成の推移の動向の把握と比較を試みる。

3) 土木費に関連し、関野（2001）は 1990 年代の名古屋市の普通建設事業費を分析しており、国による地方債の起債枠の拡大とともに地方単独事業が増大したことを指摘している（関野 2001: 20-21 頁）。

4) 特別区や名古屋市と比較して、大阪市は長らく財政力が低く、交付団体であった。澤井（2003）は、大阪市が 1990 年代から 2000 年代にかけて地方交付税の増収を経験した政令指定都市であったことを示す一方で、その額は地方税収の落ち込みをカバーできる規模ではなかったことを指摘している。また、その原因が総じて地方交付税の基準財政需要額の削減にあると主張している（澤井 2003: 40-42 頁）。

5) ただし、こうした硬直性には留意が必要である。義務的経費である人件費は対人社会サービスにおいて欠かすことができないものである。また扶助費についても不必要な経費とはいえない。こうした義務的経費を削減することを目指すのであれば、住民ニーズをとらえることとはならないかもしれない。然は然りながら、経常収支比率が変化しないまま高水準で推移していることは新しい財政需要に対応できず、やはり問題を抱えているのである。

6) 地方自治体の経費の増大が必ずしも分権化と結びついていないことはこれまでも繰り返ししてきされてきたことであり、持田（1993）では、20 世紀の各国における地方経費膨張について「中央政府からの補助金・交付金に依存し、地方税の地位が後退する」という集中過程としてとらえている（持田 1993: 48 頁）。また、こうした中央政府からの移転的財源への対抗手段として、都市部地方自治体では民営化を含む減量的都市経営の思想や実践が生まれうる。池田（1997）は神戸市の成長型都市政策から生活者重視への都市政策への転換において、この点について言及している（池田 1997: 197-198 頁）。

7) こうした国保財政の課題に対し、小泉（2009）は地方自治体単位で公的医療保険の保険者を設定している特殊性を鑑み、一般財源の繰入制度の見直しを主張している（小泉 2009: 109-110 頁）。

参考文献

池田清（1997）『神戸都市財政の研究―都市間競争と都市経営の財政問題』学文社
井藤半彌（1971）『地方財政学総論』千倉書房
小泉和重（2009）「国民健康保険制度と大都市財政」『アドミニストレーション』16巻1号
澤井勝（2003）「大都市財政の構造改革」『市政研究』139号
島恭彦（1963）『財政学概論』岩波書店
関野満夫（2001）「大都市財政の構造と現状―名古屋市財政の分析から」『経済学論纂』42巻3号
総務省編（2019）『地方財政白書』大蔵省印刷局
武田公子（2008）「交付税交付金を通じた政策誘導と財源保障機能」『金沢大学経済論集』29巻1号
中島克己（1999）「大都市財政の現状と課題」『神戸国際大学経済経営論集』19巻1号
星野菜穂子（2009）「生活保護費を対象とした地方交付税の財源保障」『自治総研』35巻5号
星野菜穂子（2013）『地方交付税の財源保障』ミネルヴァ書房
町田俊彦（2016a）「「東京一極集中」下の地方税収入の地域格差と税収偏在是正（上）」『自治総研』42巻7号
町田俊彦（2016b）「「東京一極集中」下の地方税収入の地域格差と税収偏在是正（下）」『自治総研』42巻8号
宮本憲一（1976）『社会資本論』（改訂版）有斐閣
持田信樹（1993）『都市財政の研究』東京大学出版会

参考ホームページ
国立社会保障・人口問題研究所「人口統計資料集」（http://www.ipss.go.jp/syoushika/tohkei/Popular/Popular2020.asp?chap=9&title1=%87%5C%81D%92n%88%E6%88%DA%93%AE%81E%92n%88%E6%95%AA%95z　以下、断らない限り2020年5月25日閲覧）
総務省「人口一人当たりの税収額の指数（平成30年度決算額）」（https://www.soumu.go.jp/main_content/000671765.pdf）
総務省「国勢調査」（https://www.stat.go.jp/data/kokusei/2020/index.html）
東京都「平成15年度東京都普通交付税の算定結果について」（https://www.zaimu.metro.tokyo.lg.jp/syukei1/zaisei/15kouhuzeisantei.pdf）
東京都「平成21年度東京都普通交付税の算定結果について」（https://www.zaimu.metro.tokyo.lg.jp/syukei1/zaisei/20090728_heisei21nendo_toukyoutofutuukoufuzei_no_santeikekka.pdf）
東京都「平成25年度東京都普通交付税の算定結果について」（https://www.zaimu.metro.tokyo.lg.jp/syukei1/zaisei/20130723_heisei25nendo_toukyoutofutuukoufuzei_no_santeikekka.pdf）
東京都「令和元年度東京都普通交付税の算定結果について」（https://www.zaimu.metro.tokyo.lg.jp/syukei1/zaisei/20190723_reiwa1nendo_toukyoutofutuukoufuzei_no_santeikekka.pdf）
内閣府「県民経済計算」（https://www.esri.cao.go.jp/jp/sna/data/data_list/kenmin/files/files_kenmin.html）

第３章

新たな大都市制度に向けて
——大阪都市圏を実例とした検証

Ⅰ．はじめに——本章の目的

大都市制度における大きな問題は、行政区域と経済圏域が一致していないという現実を背景としている。特に、本章で検討する地下鉄、道路、都市計画などの事務においては、課題が広域的で一体的であるのにもかかわらず、都道府県や政令市を含む基礎自治体等、所管する自治体が複数あり、それぞれがバラバラに対応していたのでは、適切な処理が難しいといわれてきた。そこで、戦前より大都市制度をめぐるさまざまな提言が行われ、その過程で特別市制度が廃止され、代わりに政令市が法定化される等の改革が実施されてきたが、現在に至るまで問題が十分に解決されたとはいい難い。今日の大都市制度に対して多く見られる批判として、現状においては、市は市域、広域自治体は市域外という機能分担がなされているために、一体的な対応ができていないというものがある。市と広域自治体を一体化すべだという提案がうまれるのは、こうした認識からである。

本章では、大阪における地下鉄、道路、都市計画に関する施策の歴史的な展開を検証することを通じて、実際に、市は市域、広域自治体は市域外という機能分担がなされてきたのかどうかを検証したい。その分析においては、日本における中央政府と地方政府の関係が「集権・融合型」に分類されることと、また、日本の自治体は「総合性」を前提としていることの二点をふまえることが重要である。そもそも、そのような制度上の枠組みのなかでは、市は市域、広域自治体は市域外という機能分担をすることはできないのではないか、というのが本章における問いである。

分析の結果をあらかじめ示すと以下のとおりである。すなわち、日本における中央政府と地方政府の関係が「融合型」であるとされる一方、中央政府、広域自治体、基礎自治体の役割や権能は、法体系や各計画間の関係において明確に分けられており、また、そのように実施されている。しかし、「融合型」であるがゆえに、「二重行政」などの競合が発生する点も確認された。そこで、本章における代案としては、大都市行政を単一の行政組織として統合するのではなく、特定目的の事業分野として広域自治体と基礎自治体から切り離すことが有効であるとの方向性を示す。すなわち、地下鉄や道路等の単一目的のみの自治体を新たに設置したらどうか、というアイディアである。

以下では、まずⅡ節で大都市制度の歴史的経緯と議論を整理する。Ⅲ節では、本章における分析のための問題提起を行う。Ⅳ節で、事例研究として、大阪都市圏における交通政策、道路政策、都市計画の歴史を整理し、Ⅴ節でその考察を行う。Ⅵ節では、以上の検証を踏まえ「特定目的の地方政府」を提案する。

Ⅱ．歴史的経緯と大都市制度に関する議論

1．歴史的経緯

明治維新以降現在に至るまで、大都市制度は延々と制度改革が行われてきた。東京が戦時下において都区制度を導入したことはあったが、大阪市、横浜市、名古屋市、神戸市、京都市のいわゆる5大市（東京市が入っていた時代は6大市）は、特別市を目指して特別市運動等を展開してきた。ここでは、大都市制度の歴史的経緯として、大都市行政を主に担ってきた5大市の視点から整理する。

まず、大都市における制度改革を明治時代から戦後まで大きく分けて、「3市特例の廃止の時期」、「府県からの独立を目指した時期」、そし

て戦時中の「東京都政への移行」を含めた3つに時期に区分できる。戦後においては、「特別市運動を展開した時期」、特別市への移行に対する府県の抵抗のあった「政令指定都市制度導入までの時期」、政令指定都市制度への移行後においては、高度経済成長期の「政令指定都市への権限・財源の拡充を求めた時期」、その後の経済の安定成長期における指定都市数の拡大にともなう「大都市制度の下への拡大（中核市、特例市制度）の時期」、バブル経済崩壊後（ポストバブル期）における「地方分権に向けた時期」、地方分権という名の下の地方自治制度の改革が進められたその陰で「大都市制度の改革が停滞した時期」に区分できる。

2．大都市制度論の既存研究

礒崎（2003）によると、大都市制度に関する議論の多くは、「二層式肯定論」と「二層式否定論」に大きく分類される。

まず「二層式肯定論」の中には、「大都市特例肯定論＝政令市制度肯定」と「大都市特例否定論＝政令市制度の否定」がある。このうち、「大都市特例肯定論＝政令市制度肯定」は「政令指定都市の権限財源拡張論」である。

一方、「大都市特例否定論＝政令市制度の否定」は「都制論」を意味している。「二層式否定論」においては「大都市一層論」がその主な改革論であり、政令市長会からも提言がされている大都市（政令市）独立論である「特別市」や「特別自治市」の制度が含まれる。その他、「一般的一層制論」としては、「府県廃止論」や、府県を廃止し国の機関である道州を置く「道州制」も、ここに分類することができる。

3．指定都市をはじめとする大都市制度の提言

総務省、大阪市などの指定都市、指定都市市長会などの諸団体において大都市制度についてはさまざまな提言が行われている。これらのうち2000年（平成12年）以降の主なものについて礒崎（2003）の分類に従って整理すると次のとおりである。

⑴ 二層式肯定論・大都市特例肯定論（指定都市制度など）

①内閣府 地方分権推進会議 最終答申（2004年〔平成16年〕5月）

②総務省 第27次地方制度調査会「今後の地方自治制度のあり方に関する答申」(2003年〔同15年〕11月）

③総務省 第28次地方制度調査会「道州制のあり方に関する答申」(2006年〔同18年〕2月）

④大阪市 大阪市大都市制度研究会「新たな大都市制度のあり方についてⅠ」(2003年〔同15年〕8月）

⑤大阪市 大阪市大都市制度研究会「新たな大都市制度のあり方についてⅡ」(2006年〔同18年〕3月）

⑥全国市長会 分権時代の都市自治体のあり方に関する検討会・最終報告書（2005年〔同17年〕6月）

⑦指定都市市長会 大都市制度調査研究プロジェクト
「道州制を見据えた新たな大都市制度のあり方についての提言」
(2006年〔同18年〕1月）

⑵ 二層式否定論・大都市一層論（特別市制度など）

①名古屋市「道州制を見据えた『新たな大都市制度』に関する調査研究報告書」(2007年〔平成19年〕2月; 2008年〔同20年〕12月改定）

②横浜市 横浜市大都市制度検討委員会「新たな大都市制度創設の提案」(2009年〔同21年〕1月）

③横浜市「新たな大都市制度創設の基本的考え方」≪基本的方向性≫
(2010年〔同22年〕5月）

④大阪市・横浜市・名古屋市 大都市制度構想研究会「日本を牽引する大都市―『都市州』創設による構造改革構想―」(2009年〔同21年〕2月）

⑤指定都市市長会「“大都市”にふさわしい行財政制度のあり方についての報告書」(2009年〔同21年〕3月）

⑥指定都市市長会「新たな大都市制度の創設に関する指定都市の提案―あるべき大都市制度の選択『特別自治市』(2011年〔同23年〕7月）

⑶ 二層式否定論・大都市特例否定論（都区制度など）

①関西同友会「関西活性化のために大阪府と大阪市の統合を—提言『府市統合による大阪周（グレーター大阪）の設置』」（2002 年〔平成 14 年〕2 月）

②大阪府 大阪府地方自治研究会「大阪都市圏にふさわしい地方自治制度（最終報）」（2004 年〔同 16 年〕10 月）

③大阪府 大阪府自治制度研究会「大阪にふさわしい新たな大都市制度を目指して～大阪再編に向けた論点整理～（最終とりまとめ）」（2011 年〔同 23 年〕1 月）

④大阪府議会 大阪府域における新たな大都市制度検討協議会「大阪にふさわしい新たな大都市制度推進協議会経過」（2013 年〔同 25 年〕3 月）

4．これまでの提案にはない論点

西尾（2012a）は、都市行政学を専攻する研究者に共通する考え方は、「基礎自治体と広域自治体と国の間の事務権限の配分の変更」いわゆる「権限移譲」以外の、「自治体間の水平的な広域連携」か「基礎自治体と広域自治体の中間に大都市圏自治体を新設」で対応することが一般的だとしている。しかし、礒崎（2003）の「政令指定都市制度の改革論」においても、先の 2000 年（平成 12 年）以降の国や大阪府、大都市自治体、さらにはこれらが設置する審議会や研究会においても、これらに該当するような提言はない。筆者は、西尾（2012a）の示唆は重要な意味をもっているものと考えている。それを具体化した制度のひとつが「特定目的の地方政府」である。この点についてはⅥ節で論じる。

Ⅲ．問題提起と検証の方向性

先の節で、指定都市をはじめとする大都市制度の提言について紹介した。その多くは、財源や権限の面などからの議論が多い。一方、本節においては、集権・分権 / 融合・分離モデルに基づき、行政制度、行政組織の視点から議論する。分析方法としては、大阪の大都市圏を対象にした事例研究による検証を進めていく。

1．集権・分権／融合・分離モデル

天川（1987）は、中央政府と地方政府の政府間関係に関して、「集権・分権／融合・分離モデル」を提示した（天川モデル）。これは、縦軸に「集権・分権」の軸をとり、横軸に「融合・分離」の軸をとるものである。

天川（1987）では、「集権・分権」について、中央政府と地方政府の関係の中で、地方政府が「どの程度まで自律的に、その区域内の住民の意思に従って意思決定することができるのか」という尺度によって定義している。ここでいう地方の意思決定とは、「住民の意思を代表する機関」、すなわち議会において民主的に自律的に意思決定をどの程度できるかということである。

「分離・融合」の軸について、「分離」とは「地方団体の区域内のことではあっても、中央政府の機能は中央政府の機関が独自に分担する」と定義され、「融合」とは「中央政府の機能ではあっても地方団体の区域内のことであれば地方団体がその固有の行政機能と合わせてこれを分担する」という定義がされている。

「集権・分権」の軸については、「様々な政策決定の権限において中央政府と地方政府のどちらが強いか」ということとなり、「融合・分離」の軸については、「中央の決定を中央の出先機関で実施するのか地方に分担させるのか」という、主に「国の事務」と「自治体の事務」のどちらの事務なのかということで定義している。

2．「集権・分権／融合・分離モデル」から見る日本の中央政府と地方政府との関係

さて、日本の中央政府と地方政府との関係は、「集権・融合型」であるといわれている。また、日本の地方自治制度は、府県と市町村の二層式である。自治権に関しては地方自治法において概括授権方式に基づい

て「概括例示方式」を採用しており、地方自治法においても、地方公共団体は「地域における行政を自主的かつ総合的に実施する役割を担うもの」(地方自治法 1-2①)とされているため、府県も市町村も「総合性」を備えることが制度上求められている。

「融合型」かつ「総合性」であるがゆえに、制度的には「二重行政」などの競合が発生することはやむを得ない。逆に、日本の大都市における自治権に関しては、大阪市のように人口 265 万人超の大都市では、授権事務の自由度が高くなるとともに、自治権の質も高くなる。当然、比較の中で相対的に高いといわれる自治権の範囲も自治権の量においても、より大きなものになる。それによって、特に国と市町村の間に存在する広域自治体との競合問題がより顕著に現れることとなる。しかし、競合問題が発生したとしても、それは「集権型」の中で、国による関与が働く以上、広域自治体である府県と市町村、特に政令指定都市の間においての関係のみで競合問題が発生するわけでもなく、それらの間でのみで解決を図れるものでもないと考えられる。

3. 仮説と検証の方向性

以上見てきたように、日本の地方自治制度は「集権・融合型」に分類される。このなかで、広域的事務である大都市制度の課題は、日本の自治制度が「融合型」であるがゆえに、国、広域自治体、基礎自治体のいずれかの単層の組織のみの所管であるとは考えにくい。むしろ、三層それぞれに機能・役割が付託されていると考えるべきではないだろうか。ここで重要なのは、自治体内における事務とはいえ、国も当然に重要なプレーヤーに位置づけられているだろうということである。そうだとすれば、広域的事務は、広域自治体と基礎自治体といった地方政府間のみで解決できるものではないのではないだろうか。本章では、以上のような問いをたて、大阪市における広域的事務を対象とした事例研究によって明らかにしていく。

Ⅳ．大都市圏域と行政区域の違いで生じた課題（大阪都市圏における事例研究）

本節では、広域的な課題の中で「交通政策」「道路政策」「都市計画」を代表として取り上げる。以下では、その理由を述べる。

礒崎（2010a）は、府県の機能論について論じている中で、府県の区域内の広域的課題について、「一体的広域事務」「調整的広域事務」「受益的広域事務」「統一的広域事務」の４つの類型に分類を行っている。このうち、「一体的広域事務」が「対象が一般に市町村の区域をこえて存在し、一体性をもつ場合（分割処理できない場合）」とされており、その中に具体的な例示として、「土地利用計画の策定・推進」「広域交通網の計画・整備」があげられている。方針決定も事務執行においても、一体化が必要とされている。そのことから、府県としては「府県の機能」である「広域的機能」の範疇として、指定都市ではなく府県側で実施すべきであるとの主張となり、府県と指定都市の考えが反する部分でもある。

よって、この「一体的広域事務」としてあげられている範疇に、「交通政策」「道路政策」「都市計画」が該当することから検証の対象とした。

１．大阪都市圏における交通政策

大阪市および大阪府における交通政策について、これまでの近畿地方交通審議会等の国の審議会における答申の内容から検証していく。なお、畿地方交通審議会等の国の審議会における答申は下記のとおりである。

①都市交通審議会答申第３号（1958年〔昭和33年〕３月）

②都市交通審議会答申第７号（1963年〔昭和38年〕３月）

③都市交通審議会答申第13号（1971年〔昭和46年〕12月）

④運輸政策審議会答申第10号（1989年〔平成元年〕５月）

⑤近畿地方交通審議会答申第８号（2004年〔平成16年〕10月）

⑴ よくある指摘

大阪府自治制度研究会「大阪にふさわしい新たな大都市制度を目指して～大阪再編に向けた論点整理～（最終とりまとめ）」（2011年［平成23年］1月）において、大阪における交通政策に関しては、東京の都下鉄との比較から、特に大阪の市営地下鉄について、

①地下鉄と民間等他の鉄道事業者との相互乗り入れが少ない。

②市域外への路線の延伸や展開が見られない。

と指摘されている。また、「大阪府市特別区設置協議会」においても大阪府・大阪市が提出する資料においては同様の課題が指摘されている。

その他、上山（2012）においては「市営地下鉄は市域を越えると、途端にやる気をなくす」、「大阪市営地下鉄は、これまで私鉄との相互乗り入れに極めて消極的だった」との指摘をしている。

これらの原因として、「市は市域、府は市域外」という「区域分断的な機能分担」を超えていると大阪府自治制度研究会（2011）で指摘されており、そのことから大阪府と大阪市が一体となった交通政策の必要性から新たな大都市制度の必要性が論じられている。

これらの課題認識を検証するために、以下、国の都市交通審議会などによってどのように大阪都市圏の交通計画が策定されてきた歴史的経緯の中から検証する。

⑵ 都市交通審議会答申第3号（1958年〔昭和33年〕3月）

東京の民間鉄道は、JR山手線内へは延伸をしておらず、JR山手線内については東京メトロと都営地下鉄が、郊外の民鉄との相互乗り入れを行っている。これと比較し、大阪では、地下鉄と民間等他の鉄道事業者との相互乗り入れが東京と比較して少ないが、民間の鉄道がJR大阪環状線内へ直通運転を行うとともに、地下鉄御堂筋線への接続を目的とした路線となっている。

このような整備が行われた背景に、1958年（昭和33年）に中村三之丞運輸大臣に対して運輸大臣の諮問機関である都市交通審議会（会長：島田孝一）から出された「都市交通審議会答申第3号　大阪市およびその周辺における都市交通に関する答申」がある。

当時、都市化の進展と共に大阪の都市圏から市内の中心部への昼間流入人口が増加し大量輸送の必要性の高まりから、輸送力増強を目的として次のことが、方針として決定された。その内容は「①地下鉄は、市内中心部を東西および南北に貫通（格子状）」「②周辺地域と市中心部を直結するために郊外私鉄を中心部へ乗り入れ延伸（御堂筋線へ直結）」「③地下鉄と私鉄が一体となっての有機的な交通網の形成を図る」というものであった。

ちなみに、東京においては1956年（昭和31年）8月の「都市交通審議会答申第1号」において、「郊外民鉄の相互直通運転を前提とした都心部の地下鉄整備」と方針が決定されている。要は、東京では都市交通の整備の当初の段階から、私鉄と地下鉄が相互乗り入れをしなければ都心まで乗り入れることができなかった。

⑶ 都市交通審議会答申第7号（1963年〔昭和38年〕3月）

3号答申における予測を大幅に超え、衛星都市やベッドタウンから都心部への大量の通勤、通学の旅客を都心部へ輸送する需要が伸びた。輸送需要の伸びに対応するために、またモータリゼーションの進展によって、これまで都心部の交通需要を支えていた路面電車の交通事情が悪化したこともあり、構想鉄道網の整備拡充を目的として「都市交通審議会答申第7号」の答申がされた。

この答申で、御堂筋線においては「梅田－新大阪－江坂－千里山」、谷町筋線においては「守口－阿倍野筋」、また1号線（御堂筋線）の輸送限界を救済するため四ツ橋筋線の「梅田－大浜」、中央線の「弁天町－荒本」の整備計画が策定された。

すでに、ここで地下鉄の市域外延伸の計画も策定されている。地下鉄の市域外への延伸がこの段階から始まった。

その後、万国博覧会を大阪の千里丘陵において開催することが1965年（昭和40年）に正式決定された後、大阪府から御堂筋線を会場まで延長することを求められたが、当時は地下鉄建設に対する十分な補助制度がなかったため、また大阪府からの財政的な支援策については示されなかったため、「新大阪－江坂」は大阪市交通局が整備し、「江坂－万博会場」は大阪府・阪急が出資する「北大阪急行鉄道株式会社」を設立して整備し、御堂筋と相互乗り入れすることとなった。

この段階では、大阪府が「広域的な役割」とともに、増加する輸送重要に対して、大阪市の財政的な対応が厳しい状況であったため、「江坂－万博会場」については、大阪府が「補完性の役割」を果たしたといえる。この段階では大阪府と大阪市の機能分担が「分離」的に行われていたといえる。

⑷ 都市交通審議会答申第13号（1971年〔昭和46年〕12月）

人口のドーナツ化現象に伴って、通勤・通学需要などによる周辺地域から大阪市への逼迫する流入人口の増加に対応するために、おおむね中央環状線付近を目安に、民鉄と民鉄の間をカバーすることで、鉄道不毛地域の解消とともに、既設鉄道の民鉄の混雑緩和を図る等、地下鉄への相互乗り入れの手法ではなく、民鉄と役割分担しながら地下鉄の整備を行うために、都心部から放射線状に地下鉄路線の整備を進めることとなった。

この答申によって、地下鉄を大日、門真南、長田、八尾南、中百舌鳥へと市域外への延伸が進められた。

地下鉄の整備にあたっては、莫大な費用がかかることから、その後、1967年（昭和42年）以降、地下鉄線に対する補助制度が順次拡充され、市域外延伸部分にかかる補助金の地方公共団体負担分については、1972年（同47年）の自治省通知に基づいて大阪府が負担することとなった。

ここで、自治省通知によって制度的に大阪府の「広域的な役割」がその機能として明確に位置づけられた。決して、大阪市が大阪市域の事だけを考えて市域外の延伸を行わなかったのではなく、ここで、大阪府が大阪市域外への延伸について、地元の自治体に対しては、大阪府域全体の交通ネットワークにおいて「広域的機能」とともに「連絡調整機能」「補完的機能」を果たすことが示された。

⑸「大阪を中心とする鉄道網整備構想について」（1982年〔昭和57年〕2月）

大阪府と大阪市の行政関係者が合同で「鉄道網整備調査委員会」を組

織し、「大阪を中心とする鉄道網整備構想について」が、1982年（昭和57年）2月に策定された。

この「鉄道網構想」の基本的考え方は、「①鉄道を都市の基盤施設として積極的に評価し、都市構造をあるべき姿に育成する担い手と考えること」、「② 21世紀の都市生活・産業経済の高水準化・多様化に対応して、鉄道を根幹とした高度な交通サービスを確保し、自動車利用から公共交通への誘導を図ること」とされている。

この基本的考え方を見ると、大阪府と大阪市が共同設置した組織の中で、大阪府も大阪市も「都市の基盤施設」として「鉄道」を捉えるとともに、都市化の進展の中で都心部においては都市の高次の中枢性が増す中で、都市圏における「都市構造」の観点から交通計画を策定していることから、「市域と市域外」という「地域分断的」な状況ではなく、それぞれの役割や機能がしっかりと協議調整されていたといえる。大阪府と大阪市で「分離」された機能（二元行政的な機能）が「交通計画」の策定の段階で「統合」していたことが読み取れる。

また「路線策定に際しての基本方針」として「多核型の都市構造を育成し、核の機能を発揮させるため、核相互を結ぶ鉄道を整備する。」「都市活動の広域化に対応するため、隣接府県と結ぶ鉄道を整備する。」「都心部の交通サービスをより向上させるため、都心部の鉄道を整備する。」「市内の周辺地域及び市街地化が進みつつある府下の各地域における交通サービスを確保するため、地域を相互に結ぶとともに、都心部とも結ぶ鉄道を整備する。」「臨海部・丘陵部などにおける大規模プロジェクト地域と都心部を結ぶ鉄道を整備する。」「特定路線の混雑緩和を図る鉄道を整備する。」「関西国際空港が設置された場合には、同空港と都心部を結ぶ鉄道を整備する。」ことが掲げられた。

この「基本方針」によって22路線の「構想路線」が位置づけられた。この「構想路線」を見ると、大阪府と大阪市が一体となって、地下鉄の路線にとらわれるのではなく、都市機能の面や交通渋滞の緩和など、都市政策として計画を行っていることがわかる。

⑹ 運輸政策審議会答申第10号（1989年〔平成元年〕5月）

「大阪を中心とする鉄道網構想について」は、第10号答申に反映されるよう努められてきた。この第10答申においては、混雑緩和のための新線整備のみならず、新たな要因として関西国際空港は京阪奈学研都市等の国家プロジェクト、また国際花と緑の博覧会など大阪府内や大阪市域においても進められた大型プロジェクトへの対応や、高度化する鉄道サービスへの対応のための鉄道整備の必要性から、「①目標年次までに整備することが適当である路線」「②目標年次までに整備に着手することが適当である路線」「③今後の整備について検討すべき路線」との区分がされた。

「大阪モノレール」「大阪外環状線」「中之島線」「新大阪連絡橋」「片福連絡線」「なにわ筋線」「なにわ筋連絡線」「鶴町・茨田線」「南港テクノポート線」「北港テクノポート線」「難波－西九条の路線」「上新庄－湯里六の路線」「住之江－喜連瓜破の路線」「北港テクノポート線の延伸」「谷町線の大日からの延伸」「大阪モノレールの門真からの南伸」「千日前線の南巽からの延伸」「谷町線の八尾南からの延伸」「鶴町・茨田線の延伸」などが答申路線とされている。

⑺ 地下高速鉄道整備事業費補助スキーム

運輸政策審議会答申第10号では、鉄道整備に関わる環境、特に財政面での課題が年々厳しくなっていく中、建設主体については、資金調達減の拡大、関係者の意欲の結集などの観点から、第三セクター方式による建設についての検討が述べられている。この第三セクター方式により、南港テクノポート線、大阪外環状線、西大阪延伸線、中之島新線が整備されている。

地下高速鉄道整備事業費の補助スキームは、「鉄道助成ガイドブック」鉄道・運輸機構（2011年〔平成23年〕6月）ならびに大阪市交通局へのヒアリングよると、「出資金：20％」「国庫補助：25.2％」「地方補助：28％」「自己調達資金：26.80％」となっている。よって、「交通計画」の策定とともに、交通計画を事業化する際には、事業主体者、国、地方（大阪府・大阪市）という連携スキームが明確になった。

⑻ 大阪府と大阪市が協調して整備を行った鉄道路線

大阪府と大阪市において、近畿地方交通審議会答申第10号において採択された路線の中で、大阪外環状線（新大阪－加美／大阪外環状鉄道㈱）、西大阪延伸線（西九条－難波／西大阪高速鉄道㈱）、中之島新線（天満橋－中之島／中之島高速鉄道㈱）、地下鉄7号線延伸（鶴見緑地－門真南／大阪市交通局）の4路線については、大阪府、大阪市のみならず周辺自治体や私鉄各社が出資する等の連携のもとで整備が進められた。

大阪外環状線は、国・大阪府・大阪市・東大阪市・八尾市・吹田市・JR等の出資補助フレームで、公の出資補助割合は、大阪府：大阪市：その他市＝41：41：18。西大阪延伸線は、国・大阪府・大阪市・阪神等の出資補助フレームで、大阪府：大阪市＝1：2。中之島新線は、国・大阪府・大阪市・京阪等の出資フレームで、大阪府：大阪市＝1：2。地下鉄7号線延伸は、国・大阪府・大阪市・大阪市交通局・門真市の出資補助フレームで、大阪府：大阪市（交通局負担は除く）＝2：1となっており、市域外の延伸に関しては、当該の市町村による出資や補助も必要となっており、広域自治体である大阪府や、政令指定都市の大阪市の地方自治体だけで整備できるものではなくなっていることが、この連携スキームからも明らかである。

⑼ 近畿地方交通審議会答申第8号（2004年〔平成16年〕10月）

近畿地方交通審議会答申第8号では、中長期的に望まれる鉄道ネットワークを構成する路線で大阪市域ならびに大阪市域内から市域外への延伸のものとしては、「北大阪急行線延伸」「なにわ筋線」「地下鉄3号線延伸（西梅田からの北伸）」「中之島新線（北港テクノポート線）延伸」「地下鉄8号線延伸（今里からの南伸）」「地下鉄7号線延伸（大正からの南伸）」などの路線計画が採用された。

なお、運輸政策審議会答申第10号で計画路線とされていた路線の中で、8号答申では特に大阪府が申請をした路線、「地下鉄第2号線延伸（大日－鳥飼付近－高槻）」「地下鉄第2号線延伸（八尾南－藤井寺付近－富田林方面）」「地下鉄第3号線延伸（西梅田－大阪国際空港方面）」「地下鉄第3号線延伸（住之江公園－三宝－堺）」「地下鉄第5号線延伸（南巽－弥刀方面）※大阪市が共同提案」「地下鉄第7号線延伸（門真南－交野方面）」「地下鉄第8号線延伸（湯里6丁目－三原方面）」が答申から落ちることとなった。

現行制度においては、大阪市域外への延伸に関しては、市域外の延伸部分に関わる地方公共団体の負担分については、大阪府から補助されることとなっている。したがって、「地下鉄第5号線延伸（南巽－弥刀方面）」以外は大阪府が単独で申請している。

答申にあたって、採択路線の審査基準として、①費用対効果が1を超えるもの、②採算性が確保されるもの、③地域開発や都市機能向上等の都市政策上の必要性、の3点が重要な基準となるため、上の7つの路線は基準を下回り不採択となった。

⑽ 現在の動向

大阪市においては、地下鉄8号線延伸、地下鉄7号線延伸などの条例路線を次期答申での採択をめざし、大阪市鉄道ネットワーク審議会が2013年（平成25年）9月に条例設置され、①費用対効果が1を超えるもの、②採算性が確保されるもの、③地域開発や都市機能向上等の都市政策上の必要性、の基準を超えるために、鉄道、まちづくり、都市計画の専門家3名によって計画の策定を進めている。

大阪府においては、「公共交通計画（案）」を策定中において、鉄道ネットワークの充実のために、①大都市圏と他都市圏を結ぶ路線、②主として大阪の鉄道ネットワークを形成する路線、③特定エリアのまちづくりのための路線、の3つの取り組みの方向性を整理しながら策定を計画している。しかし、ここで問題となるのは、①大都市圏と他都市圏を結ぶ路線については国家戦略上必要な路線として、国による取り組みを基本としていること、また、③特定エリアのまちづくりのための路線についてのまちづくり主体による取り組みを基本としていることから必然的に市町村が主体とならざるを得ず、都市交通を考える上で、広域的行政として一貫性のないものとなってしまう恐れがある。

2. 大阪都市圏における道路政策

⑴ 道路についていわれている課題

大阪府自治制度研究会「大阪にふさわしい新たな大都市制度を目指して～大阪再編に向けた論点整理～（最終とりまとめ）」（2011年〔平成23年〕1月27日）において、広域インフラとしての「道路」の整備に関して、「阪神高速道路淀川左岸線延伸部」は、道路管理者となる大阪市の財政負担が多額に上ることから事業に着手できず、このことが「市は市域、府は市域外」という区域分断的な機能分担の例としてあげられている。

大阪市においては「道路法」に基づいて「指定区間外」の「一般国道」と阪神高速道路を除く府道と市道の管理を行っている。例えば、府道である大阪中央環状線については一部区間が大阪市域を通ることから大阪市が管理を行うことで、分断的な管理となっていることなどから、この点も「市は市域、府は市域外」という区域分断的な機能分担の例とされている。

次に、都市計画決定権者の違いから、法律的に「市は市域、府は市域外」という区域分断的となっている問題がある。

以上を整理すると、「阪神高速道路淀川左岸線延伸部の課題」「道路法に基づく道路管理者の課題」「都市計画決定権者の面から見た課題」などの課題があるが、これらの課題のうち、主のものについて、その原因を検証するとともに、大阪府自治制度研究会「大阪にふさわしい新たな大都市制度を目指して～大阪再編に向けた論点整理～（最終とりまとめ）」（2011年〔平成23年〕1月27日）において、「府市双方において大阪都市圏としての中枢機能を高めるための交通インフラなどの基盤整備等が大きく進展しなかったのではないか」という点について検証する。

⑵ 阪神高速道路淀川左岸線

①阪神高速道路淀川左岸線の概要

阪神高速道路淀川左岸線の概要は次のとおりである。

○1期事業：北港～高見（5.7㎞）事業費3034億円 供用予定 平成24年度末

○2期事業：高見～豊崎（4.4km）事業費1266億円 供用予定 平成32年度末

○延伸部　：豊崎～門真（9.0km）事業費3200億円

この延伸部が完成することで、「大和側線、湾岸線、近畿自動車道などとともに都市再生環状道路を構成」「都市部における交通渋滞の緩和」「沿道環境の改善」等が図られるとされている。しかし、概要にもあるとおり、事業費は3200億円の莫大な事業費となっており、大都市制度によって解決できる範囲でないことも明らかである。

②事業スキーム

大阪市都市計画局にヒアリングをしたところ、事業スキームについては次のとおりである。

○1期事業；阪神高速㈱の事業として施行。

○2期事業：大阪市（街路事業）と阪神高速㈱（有料道路事業）の合併施行。

※道路公団の民営化に伴って、事業区分と事業費の見直しが実施された。

総事業費のうち、大阪市：1162億円、阪神高速㈱：104億円

※大阪市の1162億円のうち7割が国からの補助金、残り3割のうち95%を起債で対応。

○延伸部：財政負担割合など事業手法について検討中

③事業スキームの課題

大阪市都市計画局にヒアリングをしたところ、阪神高速㈱が民営化されたことにより、料金収入にて収支を図ることとなったため、膨大な整備費用を株式会社が担うことができなくなり、淀川左岸線2期工事については、道路管理者である自治体を事業主体とする合併方式で施行することとなった。大阪市の財政負担が多額となったが、2期工事に際しては、大阪市の1162億円のうち7割が国からの国庫補助として財政措置されており、残り3割のうち95%を起債で対応している。膨大な事業費を大阪市で賄えるために、国の補助スキームの中で予算化が必要となっていることも課題である。実質は事業費の実質負担を見ると国の事業

	道路法上の道路		その他の道路
高速自動車道路	西日本高速道路㈱		
一般国道	〈指定区間〉 国土交通省	〈指定区間外〉 大阪市	
都度府県道	〈都市高速道路〉 阪神高速道路㈱	大阪市	建築後退道路／ 港湾道路／ 私道など
市町村道			

図3-1　道路の種類と管理者（大阪市域）
（出所）大阪市建設局（2006）「おおさかのみち」を参照し筆者作成

といえる面がある。

よって、大都市制度によって解決できる課題の範囲はなくなってきているといえる。また、2010年（平成22年）4月に大阪府、大阪市、堺市、兵庫県、神戸市による「ハイウェイ・オーソリティ」が提案されたことからもわかるように、すでに道路整備は府県域の範囲での整備は困難ということでもある。

このように国による重点投資や地方の負担軽減のための制度改正を大阪市も大阪府などの関係自治体と連携をとりながら要望活動を進めてきており、事業の遅れを府市の自治制度上の関係性に求めるべきではない。

⑶ 道路法に基づく道路管理者

大阪市域内において、大阪市は、「道路法」に基づいて「指定区間外」の「一般国道」と阪神高速道路を除く府道と市道の整備と維持管理を行っている（図3-1）。

都道府県道は、本来はその区域内における幹線道路として、都市間の交通網として「線的」な視点から整備され維持管理されるものである。市町村道は、生活道路としての視点から「面的」な整備と維持管理が行われるとともに、歩行者や自転車を含めてその使用頻度の高さとともに、安全性の確保の観点から「日常的」な維持管理が必要とされる。

指定都市においては、幹線道路においても、都市の集積が高いことから、生活道路として都市内での役割を担う部分もあり、面的な維持管理

表3-1　現行の都市計画決定権者の比較

項目			政令市（道府県）	特別区（東京都）	一般市（都道府県）
都市計画区域マスタープラン			道府県※	**都**	**都道府県**
都市再開発方針等			**政令市**	**都**	**都道府県**
地域地区	用途地域		**政令市**	**都**	一般市
地域地区	特定街区		**政令市**	特別区（1ha超　都）	一般市
地域地区	都市再生特別地区		**政令市**	**都**	**都道府県**
地域地区	臨海地区（国際戦略港湾）		**政令市**	**都**	**都道府県**
都市施設	道路	自動車専用道など市道（区道）以外	**政令市**	**都**	**都道府県**
都市施設	道路	市道（区道）	**政令市**	特別区	一般市
都市施設	都市高速鉄道		**政令市**	**都**	**都道府県**
都市施設	公園	10ha以上の都道府県設置公園	**政令市**	**都**	**都道府県**
都市施設	公園	それ以外	**政令市**	特別区	一般市
都市施設	下水道	流域下水道・排水区域が2以上の市町村区域	道府県	**都**	**都道府県**
都市施設	下水道	その他	**政令市**	**都**	一般市
市街地開発事業	一定規模以上の国・都道府県施行の市街地開発事業		**政令市**	**都**	**都道府県**
市街地開発事業	それ以外		**政令市**	特別区	一般市
地区計画等	3ha超の再開発等促進区		**政令市**	**都**	一般市
地区計画等	それ以外		**政令市**	特別区	一般市

※ 2015年より政令市
（出所）大阪府・大阪市特別区設置協議会（2013）第3回配布資料（2013年4月）より

にとどまることができず、市町村道と一体として管理されている面が多い。

3．大阪都市圏における都市計画

⑴ 都市計画決定権

現行の都市計画法における都市計画の決定権者について表3-1に示す。

指定都市においては、街づくりに関する都市計画決定権は、「都市計画区域マスターブラン」以外は、「都市再開発方針等」に関する権限から「地区計画等」の権限までほぼすべての決定権をもっており、一元的に街づくりを行うことができる。

東京都においては、逆に、小規模な「特定街区」、「公園」、「市街地再開発」、「地区計画等」や「市道（区道）」については特別区に都市計画決定権があるが、それ以外に関しては、東京都が「都市再開発方針等」に関する権限から「地区計画等」の権限までほぼすべての決定権をもっている。

一般の市町村においては、「分権改革」が進んでいる中で、都道府県と市町村がそれぞれの権限を分担しており、都道府県は「都市計画区域マスタープラン」、「都市再開発方針等」「都市再生特別地域」、「一定規模以上の市街地開発事業」などの権限を有しており、それ以外は市町村の権限となっている。

大阪府・大阪市特別区設置協議会（2013）「第3回 配布資料」（2013年〔平成25年〕4月）にある事例の「うめきた地区先行開発区域」（計画面積：約11ha、都市再生緊急整備地域内、事業主体：独立行政法人都市再生機構）の主な都市計画決定の決定権限については、次の①のパターンとなっている。指定都市を大阪市と読み替えてもらいたい。

①指定都市

・土地区画整理事業計画：指定都市決定
・用途地域：指定都市決定
・都市再生特別地区：指定都市決定
・地区計画：指定都市決定

「都道府県と一般市」「東京都と特別区」の場合は、②③のように都市計画決定権者は都道府県と市町村・特別区の2つの自治体にまたがることとなる。

②都道府県と一般市

・土地区画整理事業計画：一般市
・用途地域：一般市
・都市再生特別地区：都道府県
・地区計画：一般市

③東京都と特別区

・土地区画整理事業計画：特別区
・用途地域：都

・都市再生特別地区：都

・地区計画：特別区

大阪市域を特別区とした場合、③の場合のパターンになるが、それぞれの特別区が都市計画決定を行うことで、パッチワーク的な土地利用となる可能性もあり、一元的かつ一体的に都市計画を決定することができない。

(2) 都市計画区域マスタープラン

都市計画区域については、都市計画法（5-1）によると「都道府県は、市又は人口、就業者数その他の事項が政令で定める要件に該当する町村の中心の市街地を含み、かつ、自然的及び社会的条件並びに人口、土地利用、交通量その他国土交通省令で定める事項に関する現況及び推移を勘案して、一体の都市として総合的に整備し、開発し、及び保全する必要がある区域を都市計画区域として指定するものとする。この場合において、必要があるときは、当該市町村の区域外にわたり、都市計画区域を指定することができる。」とされている。大阪府域の都市計画区域は、大阪市域は「大阪都市計画区域」として１つの都市計画区域となっており、残りの府域は「北部大阪都市計画区域」「東部大阪都市計画区域」「南部都市計画区域」の４つの区域となっている。

都市計画区域は、「一体の都市として総合的に整備し、開発し、及び保全する必要がある区域を都市計画区域として指定」することより、大阪市域に関してはすでに１つの区域として完結しており、都市計画区域内の権限もほぼすべての権限をもっていることから、一元的かつ一体的な都市計画となっている。しかし、他の３つの都市計画区域との整合性という面では、あくまでも「都市計画マスタープラン」を策定する都市計画権限は都道府県が有することから（2015年〔平成27年〕から政令指定都市の権限になっている）、この「マスタープラン」において、大阪府域の四つの都市計画の関連性を大阪府において担保すれば大阪府域での一体性は確保される。

(3) 広域計画との関係

国土総合開発法が国土形成計画法に改正され、全国計画と広域地方計画に再編された。国土形成計画と国土利用計画は一体となって作成されることから、大阪においては、都市計画系の各計画の元となるものとして、広域地方計画の「近畿圏広域地方計画」(2009年〔平成21年〕8月)が決定されている。この計画は国土交通大臣が定める広域地方計画である。この広域計画を「基本として」、大阪においては「大阪府国土利用計画」が策定され、それと「整合性」をとる形で、4つの区域のある都市計画区域マスタープランである「大阪府都市計画区域マスタープラン」が策定されている。

この「大阪府都市計画区域マスタープラン」に「即して」、大阪府及び大阪市の都市計画が決定されるとともに、「大阪市決定都市計画」は「大阪府決定都市計画」と適合する関係となっている。

V. 事例研究を踏まえた考察

1. 交通政策

交通政策(鉄道)に関しては、国の答申によって整備路線を決定する「集権」的な構造の中で、「市は市域、府は市域外」という「区域分断的な機能分担」がされていることが問題であるとの指摘は当てはまらない。国の関与が強い中では、国と地方との関係の中で「集権・融合型」の政府間関係であるため、国、大阪府、大阪市とそれぞれの機能が答申という中で「融合」されている。

なお、答申第7号においては、江坂—万博会場は大阪府・阪急が出資する「北大阪急行鉄道株式会社」を設立して整備し、御堂筋と相互乗り入れすることで、大阪府が大阪市と連携し一体的に推進しながら、大阪市域外においては、大阪府が地方自治法にある「広域行政の機能」と「補完性の機能」を果たしている。

以上のように、国の審議会での答申に向けては、大阪府と大阪市が、「集権・融合型」の中でそれぞれが、大阪市は大都市行政としての機能を、大阪府としては広域的機能とともに連絡調整機能も果たせていたと思える。実際に、これまでの大阪都市圏の発展を支えてきた交通ネットワークの形成に成果を上げてきたといえる。

しかし、10号答申以降は、この「融合」の中で大阪府と大阪市が同じ方向で融合するのではなく、採択路線が採算性を重視されることで、結果としてお互いが、それぞれが申請した路線の答申を得たいために、競合の関係になってしまったことはあるが、この答申も国によるものであることから、国を含めた課題としてとらえるべきである。

2．道路政策

「市は市域、府は市域外」という「区域分断的な機能分担」という課題については、都市計画決定権も含めてその管理については明らかに「融合」の関係にあるが、その事務や機能については、制度によって分担しており、それぞれがオーバーラップすることなく独立の関係にあることから、道路行政においては府県の機能は限定されているといえる。

また、2010年（平成22年）4月に大阪府、大阪市、堺市、兵庫県、神戸市による「ハイウェイ・オーソリティ」が提案される等、高速道路に関してはその自治体の区域を超えるとともに、府県と市という二層による地方自治制度の限界を超えたところで、より広域的な「統合」が必要とされていることからも、現行の法体系のもとでの道路行政の限界がすでに示されているところである。

3．都市計画

基礎自治体によって都市計画決定権者が異なることによる問題点がある一方、都市計画区域において、一体の都市として総合的に整備し、開発し、および保全する必要があることから、都道府県の権限で策定されるマスタープランの影響が強くなることと、大阪市に関する都市計画に関しては、大阪府に特段の権限がないとしてもその多くの部分に影響を及ぼすものはないということがわかった。さらには、マスタープランについても、広域地方計画の「近畿圏広域地方計画」との法的に一定の整合性が求められることから、府県と指定都市が二重行政ないしは二元行政であることからの不都合というものは限定的である。

都市計画に関して大阪府と大阪市の都市制度まで変えなければ解決できない問題があるとすれば、「集権・融合型」の政府間関係の中で、「融合」そのものに問題があるというよりも、「融合」が十分に機能していないことを意味している。

4．検証を踏まえた広域的事務に関する地方自治制度の方向性

「集権・融合型」の政府間関係の中で、府県と市町村間でのみの課題解決には限界があることが明らかになった。また、たとえ基礎自治体である大阪市を分割し市町村の規模を小さくしたとしても、「概括授権方式」を採用している以上、人口規模が少なくとも中核市以上の人口規模の基礎的自治体において、二重行政などの競合問題は限定的にしか解決できない。

そこで、大都市制度の既存提案の中にはないものとして、西尾（2012a）で指摘されている「基礎自治体と広域自治体と国の間の事務権限の配分の変更」いわゆる「権限移譲」以外の、「自治体間の水平的な広域連携」か「基礎自治体と広域自治体の中間に大都市圏自治体を新設」での新たな方向性の検討の必要性について考え方を示しておく。

国、府県、市の各層に「分立」された状態にある広域的事務に関して、地方政府間での競合によるさまざまな問題を発生させないために、「集権・融合型」の中で解決には限界があることから、そこにあるそれぞれの「分立」して存在する役割や機能を「統合」させる制度構築が高まると考える。

よって、新藤（2005）において指摘している、「特定目的の自治体を縦横に張り巡らした複線型の制度として構想されるべき」というような制度構築が必要ではないかという点を大阪都市圏における事例研究を踏まえて課題解決の方向性を次節で示したい。

なお、「分立」「統合」の定義について、「分立」は「ある同じ事業領域や政策領域において国と地方自治体である広域自治体と基礎自治体の各層においてそれぞれの機能・役割が形式的・実質的に分れている状態」と定義し、「統合」は「各階層において形式的・実質的に分かれて

いた機能・役割を一体化させることを」と定義する。

Ⅵ. 広域的事務に関する地方自治制度の新たな方向性に向けて

1. 事例研究による検証を踏まえて

事例研究において、「集権・融合型」の日本の自治制度の中で「総合的な行政主体」の中での地方政府間で言われる大都市制度における課題については、地方政府である府県と指定都市の間でのみの権限や財源のやりとりによる解決は困難であることがわかった。

交通政策等のような広域的事務については、特定の同じ事業領域や政策領域関して、国と地方自治体である広域自治体と基礎自治体の各層においてそれぞれの機能・役割が形式的・実質的に分れている状態、「分立」されていることから、国・府県・市町村の三層の自治体間関係の中で「融合」させるのではなくそれぞれの役割や機能を「統合」させるために、「総合性」のあるものの中から「特定目的の地方政府」が必要であるとの考えに至ったところである。

2.「特定目的の地方政府」制度構築に向けて

「特定目的の地方政府」については、1993年(平成5年)に答申された第23次地方制度調査会の「広域連合及び中核市に関する答申」の議論経過において、委員であった成田頼明委員(当時・横浜国立大学名誉教授)から出された「成田私案」にその重要な論点がある。「成田私案」では、「広域連合制度」に対する提案として、「自治体としての自立性を持った連合制度」として「都道府県・大都市連合」、「特定地域開発整備連合」、「地方都市連合」、「特定課題連合」のパターンを想定しているが、内容としては、現在の広域連合制度とは異なり次の点を特徴とする。

ア)「憲章」を定める(住民が直接設置するという性格のものにするため)

イ)広域連合の構成員は住民である

ウ）自主的に「憲章」にあった仕事をしていく

エ）関係構成団体への拘束力を持つ（批准的手続きを要件として）

オ）組織や機構を固定化させない

カ）「執行機関と議事機関を持つ」または「評議会型（マネージャー制度の導入が可）」

キ）課税権を持つ（負担金、地方債の発行、地方税の課税、国からの財源交付、地方債の発行など）

ク）直接請求やリコール権を持つ

ケ）国や都道府県から権限移譲する

コ）調停制度を設ける

この制度改革の具体化を進めていくことによって、「特定目的地方政府」に近い制度の構築が可能になるであろう。この成田私案における「広域連合」は、憲章を制定することで、EU型（欧州連合）のように自主的に憲章の目的に合った仕事をしていく中で、計画、基準、指針などをそれに対して批准を要件に、関係する構成団体に拘束力をもとうとすることを考えていることもあり、制度的には現行制度のもとでは、法改正などの制度改革が必要となる。

3．最後に

大都市制度の議論は、日本が近代化しはじめた明治時代より営々と続いている議論であり、府県と指定都市との戦いの歴史でもある。本研究は、歴史的経過に触れたものの、事例検証や大都市制度に対するひとつの方向性の必要性を示したとはいえ、大都市制度の一面しかとらえていない。

本来、大都市制度の議論においては、広域行政の課題のみならず、大都市における住民自治はどうあるべきなのか、都市内分権や地域福祉の政策領域からの大都市制度のあり方について、また財政上の分析からのアプローチなどさまざまな視点からの研究も必要である。その他、海外の事例からの比較検証からのアプローチも必要である。また、道州制の議論や今後進んでいく地方分権の中で、府県制度そのものありようも変わってくる。府県制度の面からのアプローチも必要である。

あらためて、今回の論点のみならず、さまざまな論点から大都市制度に関する各方面での議論を期待するとともに、引き続き、大阪にふさわしい大都市制度はどうあるべきかを研究を重ねていきたい。

参考文献

天川晃（1987）「変革の構想―道州制論の文脈」大森彌・佐藤誠三郎編『日本の地方政府』東京大学出版会

天川晃（1994）「地方自治制度」西尾勝・村松岐夫編『制度と構造』（講座　行政学第２巻）有斐閣

礒崎初仁（2003）「政令指定都市制度の現状と改革」第一法規『年報自治体学』16号

礒崎初仁（2005）「都道府県と市町村―拡散する「自治のかたち」」『地方自治職員研修』38巻９号

礒崎初仁（2009）「都道府県の広域連携―「政策連合」の可能性」『都市問題研究』61巻１号

礒崎初仁（2010a）『変革の中の地方政府―自治・分権の制度設計』中央大学出版部

礒崎初仁（2010b）「地域主権時代の都道府県と市町村」公職研編『地方自治職員研修』43巻10号

上山信一（2012）『大阪維新―橋下改革が日本を変える』角川SSC新書

大石隆（2010）「あるべき大都市制度の基本的考え方―指定都市市長会による「特別自治市（仮称）」の提案」『都市政策』141号

大阪市（2003）大阪市大都市制度研究会「新たな大都市制度のあり方についてⅠ」

大阪市（2006）大阪市大都市制度研究会「新たな大都市制度のあり方についてⅡ」

大阪市・大阪府（2013）大阪にふさわしい大都市制度推進協議会「大阪にふさわしい大都市制度推進協議会協議経過」

大阪市史編纂所編（2011）『大阪市の歴史』創元社

大阪市交通局編（2005）『大阪市交通局百年史（本編）』

大阪市交通局編（2005）『大阪市交通局百年史（資料編）』

大阪市総務局（1989）『大阪市政百年のあゆみ』

大阪市都市整備協会編（1995）『大阪市の区画整理―まちづくり100年の記録』

大阪市・横浜市・名古屋市（2009）大都市制度構想研究会「日本を牽引する大都市―「都市州」創設による構造改革構想」

大阪府（2011）大阪府自治制度研究会「大阪にふさわしい新たな大都市制度を目指して～大阪再編に向けた論点整理～最終とりまとめ」

大杉覚（2011a）「大都市制度をめぐる改革論議の課題と展望」『地方自治』761号

大杉覚（2011b）「日本の大都市制度」（自治体国際化協会・政策研究大学院大学比較地方自治研究センター「分野別自治制度及びその運用に関する説明資料」No.20）

大杉覚（2011c）「日本の大都市制度」

金井利之（2005）「道州制における大都市制度」『月刊自治フォーラム』546号

金井利之（2009）「広域都市圏での補完行政と自治制度」『都市問題研究』61巻１号

金井利之（2011）「市民自治と大都市圏行政」『都市問題』102号

金井利之（2012a）「「補完性の原理」から「逆補完性の原理」へ」『ガバナンス』136号

金井利之（2012b）「地方自治法の一部を改正する法律について」『地方議会人』11月号

関西経済連合会（2005）「関西分権改革研究会報告書「分権改革における関西のあり方」について」『月刊自治フォーラム』546号

関西同友会（2002）「関西活性化のために大阪府と大阪市の統合を―提言「府市統合による大阪州（グレーター大阪）の設置」」

北村亘（2013）『政令指定都市―百万都市から都構想へ』中公新書

指定都市市長会「新たな大都市制度の創設に関する指定都市の提案―あるべき大都市制度の選択「特別自治市（仮称）」」

指定都市市長会（2004～2006）大都市制度調査研究プロジェクト「道州制を見据えた新たな大都市制度の在り方についての提言」

指定都市市長会（2007～2009）「“大都市”にふさわしい行財政制度のあり方についての報告書」

指定都市市長会（2011）「新たな大都市制度の創設に関する指定都市の提案―あるべき大都市制度の選択「特別自治市」」
新藤宗幸（1977）「広域行政と地方自治」『都市問題研究』29巻1～6号
新藤宗幸（2002）『地方分権［第2版］』岩波書店
新藤宗幸（2005）「自治体の制度構想」松下圭一・西尾勝・新藤宗幸編『制度』（自治体の構想2）岩波書店
新藤宗幸・松本克夫編（2012）『雑誌『都市問題』にみる都市問題Ⅱ 1950-1989』岩波書店、18-21頁
砂原庸介（2012）『大阪―大都市は国家を超えるか』中公新書
全国市長会（2004～2005）分権時代の都市自治体のあり方に関する検討会「最終報告書」
全国知事会（2012）「「大都市制度についての中間報告（素案）」についての意見」
総務省（2003）第27次地方制度調査会「今後の地方自治制度のあり方に関する答申」
総務省（2006）第28次地方制度調査会「道州制のあり方に関する答申」
大都市制度研究会（2010）3市立大学連携事業「大都市制度研究会報告集」
東京市政調査会編（2006）『大都市のあゆみ』東京市政調査会
外川伸一・安藤克美（2010）「大都市制度と政令指定都市制度―両制度の「乖離」の拡大と新たな制度構築を中心として―」『山梨学院大学 法学論集』65号
外川伸一（2012a）「自治制度における「総合性」・「一般性」の緩和と特定目的の政府の創設（上）―道州制に対する自治的代替案の提示」『山梨学院大学 法学論集』68号
外川伸一（2012b）「自治制度における「総合性」・「一般性」の緩和と特定目的の政府の創設（下・完）―道州制に対する自治的代替案の提示」『山梨学院大学 法学論集』69号
特別区協議会（2010）「特別区制度研究会（第4分科会）報告書」
成田頼明著・特別区協議会編（2013）『「連合制度」と「基礎自治体連合」』学陽書房
内閣府（2004）地方分権改革推進会議「最終答申」
名古屋市（2008）『道州制を見据えた「新たな大都市制度」に関する調査研究報告書』
成田頼明（1995）「今後の都道府県制の動向」『新たな時代における都道府県と市町村の役割』（自治論集10）大阪府地方自治研究会
成田頼明（1996）「地方分権と大都市―中間報告以降の審議状況と大都市をめぐるこれからの課題について」『都市問題研究』48巻9号
成田頼明（2013）『「連合制度」と「基礎自治体連合」』学陽書房
西尾勝（2000）『都道府県を変える！―国・都道府県・市町村の新しい関係』ぎょうせい
西尾勝（2002）「「地方自治の本旨」の具体化方策」東京市政調査会『分権改革の新展開に向けて』（東京市政調査会創立80周年記念論文集）日本評論社
西尾勝（2004）『都道府県制に未来はあるか』東京市政調査会
西尾勝（2007）『地方分権改革』（行政学叢書5）東京大学出版会
西尾勝（2012a）「都市・都市問題・都市政策―「都市理論」の混迷」新藤宗幸・松本克夫『雑誌『都市問題』にみる都市問題Ⅱ 1950-1989』岩波書店
西尾勝（2012b）『行政学［新版］』有斐閣
西尾勝（2013）『自治・分権再考―地方自治を志す人たちへ』ぎょうせい
藤原幸則・水谷忠晴（2008）「関西の高速道路―ミッシングリンクの早期整備を」『経済人』2008年12月号
松本英昭（2008）「広域連合の構想がめざしたもの」『都市問題』99巻4号
横浜市（2010）「新たな大都市制度創設の基本的考え方〈基本的方向性〉」
横浜市大都市制度検討委員会（2009）「新たな大都市制度創設の提案」

参考資料

運輸政策審議会（1989）「大阪圏高速鉄道網図」（運輸政策審議会答申第10号）
大阪市（2013）「長期未着手の都市計画道路の見直しについて」
大阪市建設局（2006）「おおさかのみち」
大阪市建設局編（2008）「大阪市の街路事業」
大阪市鉄道ネットワーク審議会（2013）「大阪市の概況について」
大阪にふさわしい大都市制度推進協議会（2013）「協議経過」
大阪府（2010）「大阪府国土利用計画（第4次）」
大阪府・大阪市特別区設置協議会（2013～2014）「第1～12回資料」

大阪府議会（2011）大阪府域における新たな大都市制度検討協議会「第1～5回資料」
大阪府自治制度研究会（2011）「大阪にふさわしい新たな大都市制度を目指して—大阪再編に向けた論点整理」（最終とりまとめ）
大阪府市統合本部（2012）「大阪にふさわしい大都市制度の実現に向けて」
近畿地方交通審議会（2004）「京阪神圏において、中長期的に望まれる鉄道ネットワークを構成する新たな路線」（近畿地方交通審議会答申第8号）
都市交通審議会（1958年）「大阪附近計画路線図」（都市交通審議会答申第3号）
都市交通審議会（1963）「大阪市及びその周辺における高速鉄道網」（都市交通審議会答申第7号）
都市交通審議会（1971）「大阪圏高速鉄道網図（大阪周辺）」（都市交通審議会答申第13号）

第４章

エアロトロポリス構想と都市圏の発展

Ⅰ．はじめに

現代社会では歴史的に船舶、鉄道、航空機による旅客と貨物の移動が都市を形成する大きな原動力となってきた。主要な港湾、駅舎、空港の周辺には工場・倉庫群が建設されるとともに、沿線の地域開発により住宅や学校、商業施設なども整備される構図である。それらの交通機関の普及は地理的条件にもよるが、時代変遷の中で産業構造の変化や所得水準の上昇によっても影響を受けてきた。わが国では高度経済成長期において、重厚長大型の製造業を中心とした工業地帯に人口が密集していたが、都市部の地価高騰、高速道路網の充実、ICT の発展などの要因が重なり、工場立地は地方にも分散していった。

近年は九州新幹線と北陸新幹線の開通により高速大量輸送の面的拡大が実現され、地方都市へのアクセスが容易になっている。さらに、航空自由化を契機に格安航空券で集客するローコストキャリア（LCC）が台頭し、旅客需要は増大する傾向にある。既存の大手航空会社も競争上、割安な運賃を設定しているので、ビジネスとレジャーの両面で移動頻度は高くなっている。自由化以前には、国内線・国際線ともに都市部の大規模空港だけがゲートウェイであったが、現在は地方空港にも多様な航空会社が乗り入れるような状況へと変化してきた。貨物についてもｅコマースの定着と決済方法の多様化によって成長しているので、港湾倉庫に加え高速道路のインターチェンジや空港周辺も物流拠点としての機能が高まっている。

わが国には大陸側とつながる海底トンネルが存在しないので、鉄道は国内で完結している。また船舶に関しては、海外からの大型クルーズ船などが利用できる港湾は極めて少ない。1990年代に世界的規模で進展した航空自由化により国際旅客の移動が増加している実態から、空港を核とした都市形成の重要性が高まっている。単なる観光だけではなく、企業や学術団体によるMICE、会議（Meeting）、報奨研修旅行（Incentive Tour/Travel）、国際会議（Conference/Convention）、展示会・イベント（Exhibition/Event）で空港を活性化させることが期待できる。

近年、政府や地方自治体が中心となり中長期的な構想に基づき、空港周辺を開発する計画が世界で増えている。これは「エアロトロポリス」（Aerotropolis）と呼ばれる。わが国では民間鉄道会社が百貨店や不動産部門をもち、沿線開発を行うケースやテーマパークやスタジアム経営により都市開発を行っているケースは多い。それに対して、地域全体を一体化した形で空港が運営されているケースはなかった。アジアの中では既に、都市機能強化や地域活性化策としてエアロトロポリス構想が進められているところがある。

本章では主として空港運営形態の変容に着目し、空港経営が都市の発展に与える影響を考察する。比較対象として空港民営化を推進してきたイギリスに注目し、わが国への示唆を導き出す。まず、空港が都市圏形成に与える効果について確認する。次に、現実の都市圏における空港の現状と課題を整理する。さらに、空港運営形態と都市機能の維持という観点から民営化について考察を加える。1980年代から民営化・自由化の政策潮流が続いてきたが、2020年（令和2年）以降はCOVID-19によって世界中で社会生活そのものが激変しているので、中央政府と地方自治体の責任が急速に高まっていることを再確認したい。

Ⅱ．空港が都市圏形成に与える効果

1．LCCのセカンダリー空港活用

アメリカの航空会社サウスウエスト社がLCCのモデルと考えられて

いるが、同社が設立されたのは1960年代であった。航空自由化に先駆けて効率的な運航を実現した点で注目されるが、同社は国内線だけに限定されている。欧州でLCCが出現した背景には航空自由化に加え、欧州統合による影響も大きい。とりわけ、多数の機材を利用して多頻度運航を欧州大で展開しているのは、イージージェットとライアンエアーの２社である。

LCCについて国際機関や各国の法的な規定が存在しないので厳密な定義はないが、一般的な特徴は以下のように整理できる。

①使用機材を特定の機種に絞り込み、メンテナンス費用を抑える。
②ボーイングB737やエアバスA319、A320などの中型機で、高い搭乗率を維持する。
③定時運航のできる地方空港や郊外立地のセカンダリー空港を利用する。
④折り返しに要する時間を30分程度に抑え、機材の利用頻度を高める。
⑤４時間以内の中短距離路線でポイント・トゥ・ポイント運航を行い、乗り継ぎ便を手配しない。
⑥チケットはインターネットで販売し、運賃は簡明かつ弾力的に設定する。
⑦チェックインは機械で対応するなど、人件費を削減する。
⑧座席は基本的に自由席で、ビジネスクラスを設定しない。
⑨ドリンクやスナックを提供する場合には有料販売とする。
⑩貨物室は使用しないか別料金で、機内持込み手荷物も制限する。

セカンダリー空港は都市近郊に立地し、混雑空港に指定されている主要空港よりもアクセスに時間を要するが、発着枠（スロット）に余裕があるので定時運航をする上では利便性が高い。LCCはセカンダリー空港に拠点を置いて、中近距離を多頻度で運航することで収益をあげている。人の流れを混雑空港に集中させずに分散させている点では都市機能にプラス効果をもたらしているといえる。また、ポイント・トゥ・ポイント運航であるが、サウスウェストは全米で、イージージェットとライアンエアーは欧州全体にネットワークを張っている点では、地方都市も含めて活性化に寄与していると判断できる。

2.「コネクティビティ」の重要性

世界の空港ランキングでは、年間の着陸回数や乗降客数を基準としていることが多い。もちろん滑走路の本数と長さ、あるいはターミナルビルの面積でも空港の規模を知ることはできる。しかし、空港がどの都市とつながっているのかという視点も重要である。年間乗降客数が500万人を超える中規模以上の空港では、乗り入れている航空会社数と就航している都市数が判断材料となる。これは航空・空港業界では、「コネクティビティ」という用語で表現される。表4-1のように他国の大規模空港と比較してみると、成田国際と関西国際は就航都市数の点でコネクティビティは劣っている。

例えば特定の数社程度の航空会社に依存していると、何らかの理由で経営破綻に陥ると、空港も維持できなくなる。また、就航都市が限られていると自然災害や外交上の問題など不測の事態が生じた時に、空港は大打撃を受けてしまう。少数の航空会社だけしか就航していない空港はリスクが大きいため、立地している都市を支える観点からも航空会社と就航先の都市数は多い方が望ましい。コネクティビティの高い空港は乗り継ぎの利便性がよいので、就航会社も定着しやすい。空港運営主体は乗降客数の多い点からハブ空港であると主張する傾向にあるが、利用者はコネクティビティが高い空港をハブとして評価している。

3.国際線誘致によるVFR層拡大

欧州でイージージェットとライアンエアーのほか、多数のLCCやリージョナル・エアラインが成長してきた背景には、欧州連合（EU）の加盟国が徐々に増加してきたことによる。国境のない状況が創出され、自由な経済活動が追求できるようになったので、英独仏の先進国企業が

表4-1　大規模空港のコネクティビティ

空港	航空会社数	就航都市数
成田国際	92	140
関西国際	63	75
ロンドン ヒースロー	84	203
フランクフルト	57	306
パリ シャルルドゴール	131	295
アムステルダム スキポール	93	332
ドバイ	100 以上	240 以上

（出所）各空港会社公表のデータ（2019 年）に基づき筆者作成

中東欧において現地工場を建設したことで人の流動性は高くなった。逆方向で、中東欧から先進国の教育機関への進学や企業への就職でもLCCが利用されている。それに加えて、家族や友人が週末を中心に旅行するVFR（Visiting Friends and Relatives）という需要層が増加してきた。低廉な料金だから利用するという行動と、VFRが多頻度で動くからフライト数を増やすという好循環が生まれたのである。

このような広域経済圏の制度的な整備により、LCCの成長が実現し、ひいては欧州の地方空港と地方都市を支えているといっても過言ではない。それに対して、わが国の地方空港では利用者数が伸びず、経営悪化に直面しているところが多い。その理由として、特定の国内航空会社しか誘致していない点と近隣諸国を対象とした国際線の整備をしてこなかった点を指摘できる。とりわけ、羽田路線にこだわっている地方空港が多いのが現状である。この羽田路線が地方都市を支える「生命線」・「命綱」であるという神話が、皮肉にも逆に地方都市の発展を阻害した面もあるだろう。

4．eコマースの普及と物流の増大

港湾を核とした都市が沿岸部に立地しているのは当然であるが、高速道路の整備によって内陸地に拠点を置く都市が急速に発展してきた。先進国では都市間輸送を鉄道のみならず高速道路網でつなぐ計画が立てられ、経済発展を支える基盤となっている。過去にもテレビショッピングという消費形態が存在したが、ICT が急速に発展し、スマートフォンによる消費が成長し続けている。近年では世界的に電子商取引（e コマース）が定着し、利用者は「クリック・アンド・デリバー」に大きな期待を寄せている。物流業者は都市部においては住宅開発が進みすぎて、貨物基地の十分なスペースがとりにくいため、郊外や地方都市に拠点を置いている。

世界ではドイッチェポストと合併した DHL やオランダ TNT と統合している FedEx のような大規模な物流事業者はトラックと同様に航空貨物専用機を使って国際輸送を展開している。DHL は 17 の航空会社をパートナーとして 260 機もの専用機を活用して、シェアを伸ばしてきた。FedEx も 680 機を配備して物流のネットワークを作り上げている。空港に関しては貨物専用ターミナルビルの存在も重要である。イギリスのイースト・ミッドランズ空港はイングランド中央部に位置し、産業クラスターとなり貨物取り扱い比率の高い空港として知られている。また、ベルギー・リエージュ空港は TNT のハブとして国境を越えた経済活性化を実現している点はユニークである。

Ⅲ．都市圏における空港の現状と課題

1．イギリス・ロンドン 6 空港の危機

イギリスには個人所有の小型機が使用する飛行場も多いが、定期便が就航している空港は約 50 で、わが国のおよそ半数である。表 4-2 に示されるとおり、首都ロンドンに立地する 6 空港のうち、4 つの空港がトップ 5 に入っている。すべての空港に共通しているのは、国内線比率が低い点である。つまり首都圏空港はすべて、海外とのゲートウェイ機能をもっている。ヒースローでは長距離路線の便が多いが、それ以外の空港では EU 内の比率が圧倒的に高い。

実はこの乗降客数のデータには定期便とチャーター便の両方が含まれている点に注意しなければならない。EU ではチャーターが定着してい

表4-2　ロンドン6空港の年間乗降客数（2018年）

順位	空港	合計	国内線比率(%)	国際線比率(%)	
				EU内	長距離
1	ヒースロー	80,099,906	6.0	34.5	59.6
2	ガトウィック	46,081,327	8.1	61.9	30.0
4	スタンステッド	27,995,121	6.9	85.3	7.8
5	ルートン	16,766,552	7.1	81.1	11.7
14	ロンドン・シティ	4,820,292	22.6	64.1	13.3
20	サウスエンド	1,478,423	8.5	89.4	2.2

（出所）UK Civil Aviation Authority 公表のデータに基づき筆者作成

るので、その比率の高い航空会社が多数、存在する。しかし、近年の異常気象によって欠航やパッケージツアーのキャンセルが増加している。さらに、イギリスがEUからの離脱を決めたブレグジットの影響でビジネス客やレジャー客の移動が減少傾向にあった。そこに2020年（令和2年）からCOVID-19の大打撃が加わり、航空会社と空港会社の経営危機が深刻化する事態に陥った。

イギリス運輸省（Department for Transport）は鉄道の国有化を進めているが、航空・空港への公的支援については明確に決定していない。過去にナショナル・フラッグであったブリティッシュ・エアウェイズ（BA）は、現在、スペインのイベリア航空と統合して、親会社はインターナショナル・エアラインズ・グループ（IAG）となっている。そのIAGの筆頭株主は、カタール航空である。政府が公的支援に躊躇している背景には、この外国企業の関与も影響していると考えられる。さらに、新興のヴァージン・アトランティック・エアウェイズやLCCのイージージェットの救済まで視野に入れなければならない点から、公的支援に踏み切れない面がある。国際線に強い航空会社が不安定なままでは、空港経営と都市機能に悪影響が及んでしまう。

2．異なる種別の広域首都圏3空港

わが国の広域首都圏3空港の年間乗降客の合計は表4-3のとおり、上述したロンドン6空港の総数と比較すると下回っている。スタンステッ

表4-3　広域首都圏3空港の概要

		東京国際(羽田)空港	成田国際空港	茨城空港(百里飛行場)
種別		国管理空港	会社管理空港	共用空港
設置管理者		国土交通大臣	成田国際空港株式会社	防衛省
位置		東京都大田区	千葉県成田市	茨城県小美玉市
供用開始		1952年	1978年	2010年
面積		1,516ha	1,137ha	457ha
滑走路(長さ×幅)		(A)3,000m×60m (B)2,500m×60m (C)3,360m×60m (D)2,500m×60m	(A)4,000m×60m (B)2,500m×60m	(A)2,700m×45m (B)2,700m×45m
運用時間(利用時間)		24時間	24時間：航空機の離着陸は6:00～24:00	13.5時間 (7:30～21:00)
乗降客数(2018年)	国際	18,164,341	33,426,313	165,549
	国内	67,528,066	7,249,087	594,853
	合計	85,692,407	40,675,400	760,402

(出所) 国土交通省航空局「空港一覧」および「平成30年空港管理状況調書」などに基づき筆者作成

ドとルートンがそれぞれライアンエアーとイージージェットの拠点となり、多頻度運航で乗降客数を増やしているために、日英の差が出ていると考えられる。表4-3は3空港の概要を示している。伊丹と並んで戦後の早い時期に開港した羽田は拡張工事により、現在は4本の滑走路をもち、世界的にもトップクラスに入る大空港である。成田は羽田の約半数の旅客数であるが、国際線では羽田を大きく上回っている。茨城は防衛省の百里基地を民生用としても利用することになった後発の空港である。都心部までのアクセスには時間を要するが、いわゆるセカンダリー空港として羽田・成田を補完する機能を果たしている。

羽田は成田の開設と同時に国内線に特化してきたが、自由化以降の海外需要を取り込むために、再度、国際線も取り扱うことになった。国内各地の空港とつながる羽田は容易に国際線への乗り継ぎができるので、利便性は高いが、飛行ルートの変更などで処理能力を高める措置を考慮している。このような動きは、関西で3空港のあり方について近隣自治体による懇談会を設けて、伊丹での国際線の復活に関して慎重に協議しているのとは対照的である。

関西3空港の運営が統合されたのとは異なり、広域首都圏3空港に関しては統合案があるわけではない。過去の業績が良好であったので、その必要性はないものと解釈できる。空港の種別からみると、羽田は国管理、成田は会社管理、茨城は共用空港であり、それぞれが異なる形態をとっている。関西圏3空港や全国の地方空港がコンセッションの対象となっている点やイギリスの民営化推進とは異なり、所有権移転の政策は本格的に検討されていない。

首都圏では2020年（令和2年）に開催される予定であった東京オリンピック・パラリンピックが、COVID-19によって延期された上、開催の規模が縮小される案も示されているために、当初、想定されていたほどに利用者は増大しない可能性がある。今後の航空需要がどのように回復するかは明確にできる段階ではないが、首都圏の都市機能を維持するために3空港のあり方を議論する必要はあるだろう。

3. 経営統合された関西圏3空港

関西圏3空港の概要は表4-4のとおりである。海上空港として建設された関空は多額のコストがかかり、当時の関西国際空港株式会社の債務は1兆3000億円にまで膨らみ、政府補給金に頼りながら運営していた。外的な要因ではあるが、2001年（平成13年）9月のアメリカ同時多発テロや2008年（同20年）秋のリーマンショック、2010年（同22年）1月のJAL経営破綻などのマイナス要因が続き、関空のバランスシートは悪化するばかりであった。2010年（同22年）10月に国土交通省から『成長戦略』が公表され、バランスシート改善は伊丹との統合と、コンセッションを通した運営権譲渡（コンセッション）により解決することになった。

2011年（平成23年）に「関西国際空港及び大阪国際空港の一体的かつ効率的な設置及び管理に関する法律」（統合法）が制定され、両空港の経営統合が実現し、2012年（同24年）4月に2空港をもつ新関西国際空港株式会社（新関空会社）が設立され、7月から業務が開始されるに至った。運営権譲渡は2014年（同26年）7月に、「関西国際空港及び大阪国際空港特定空港運営事業等実施方針」が明らかにされ、「民間資金等の活用による公共施設等の整備等の促進に関する法律」（PFI法）

表4-4　関西圏３空港の概要

		関西国際空港	大阪国際（伊丹）空港	神戸空港
種別		会社管理空港	会社管理空港	地方管理空港
設置管理者		新関西国際空港株式会社		神戸市
位置		大阪府泉佐野市	大阪府豊中市・池田市/兵庫県伊丹市	兵庫県神戸市
供用開始		1994年	1951年	2006年
面積		1期空港島510ha 2期空港島514ha	311ha	156ha
滑走路（長さ×幅）		(A)3,500m×60m (B)4,000m×60m	(A)1,828m×45m (B)3,000m×60m	2,500m×60m
運用時間（利用時間）		24時間	14時間 (7:00〜21:00)	15時間 (7:00〜22:00)
乗降客数 2018年	国際	22,345,996	0	155
	国内	6,513,731	16,184,901	3,181,545
	合計	28,859,727	16,184,901	3,181,700
備考		2012年 経営統合/2016年 民間委託開始		2018年 民間委託開始

（出所）国土交通省航空局「空港一覧」および「平成30年空港管理状況調書」などに基づき筆者作成

と統合法に基づき実施された。

わが国初の大型コンセッションは他国空港の出資・運営者からも関心が寄せられ、最終的に2015年（平成27年）11月にオリックスとフランスのヴァンシ・エアポート（VINCI Airports）が優先交渉権者となり、12月に関西エアポート株式会社が設立された。翌年4月に関西エアポートは新関空会社から両空港の運営を44年間引き継ぎ、2060年（令和42年）まで管理することになった。同社はオリックス40%とヴァンシ40%の出資を受けているが、残る20%に関西系企業30社も関与している。オール関西という点では絶大な協力を得られるようにみえるが、利害関係者が多すぎるので合意形成が難しいというガバナンス上の問題もある。

神戸空港についてもコンセッションによる改革が決まり、関西エアポート株式会社の100%出資会社である関西エアポート神戸株式会社が、2018年（平成30年）4月から神戸空港を神戸市から引き継いで運営している。関空・伊丹・神戸は都市部における空港のため騒音や空域の点で制約もあるが、一体的な運営の下で有効活用が期待された。しかし、2020年（令和2年）3月以降はCOVID-19の影響を受けて、将来の運営方針を明確に提示することが困難な状況に陥ってしまった。

4．アジアのエアロトロポリス構想

ボーイング社の生産拠点はアメリカ・シアトルであり、エアバス社の拠点はフランス・トゥールーズである。これらの都市では航空関連の産業クラスターが形成されてきた。航空機製造は部品点数が多く、製造工場や物流業界の雇用を中心に地域経済への貢献度は大きい。この世界的な大手2社とは比較にならないが、アジアでもLCCの発展が期待されていることにより、空港を核に地域の発展を目指している都市がある。これは航空機関連の部品製造と機体整備の業務を担う機能をもたせる狙いだけではなく、LCCの国際線を誘致してビジネスや観光を振興しようとする意図も含まれている。以下で、台湾とタイの計画について概観する。

まず、2009年（平成21年）1月に発表された台湾の12大公共事業「愛台12建設」に焦点をあてる。その旗艦プロジェクトとして「桃園航空城（エアロトロポリス）計画」が打ち出された。エアロトロポリスに基づき地域産業の発展や経済的繁栄を目標に置き、中央政府が国際空港エリア発展条例を制定した。桃園国際機場株式会社（TIAC）が国際空港エリアを管轄し、エアロトロポリスについては桃園航空都市株式会社（TACL）が運営することになった。その計画の具体的な内容は以下のとおりである。

①台湾ゲートウェイ区：国際会議や見本市などのMICE産業を発展させるとともに、統合型リゾートやテーマパークといった機能を充実させる。

②行政金融区：政府省庁の拠点とし、金融業やハイエンドのビジネス発展を目指す。

③産業専用区：多国籍事業体の本部あるいは地域統括本部、R&Dセンター、インキュベートセンターとする区画。以下5つの産業を重点産業に定めている。気候変動、グリーンテクノロジー、ビッグデ

ータ、ハイテクエンジニアリング、文化クリエイティブ関連。

④商業・住宅区：公共交通指向型開発（TOD）コンセプトによって、良質の住宅およびビジネス機能をもたせる。

⑤物流貿易区：既存の自由貿易港区（FTZ）をさらに拡大し、国際物流業を誘致、物流サービス業や付加価値を高める簡易加工業を主力とする。

（出所）楊（2014）1-2頁（一部の記述を割愛している。）

台湾は近隣諸国との比較で土地面積や人口規模で優位性をもっているわけではないが、経済大国の中国と日本に近く、アジアの中では地理的に中央部に位置している点では国際物流のゲートウェイ機能を果たすことができる。桃園国際空港はアジア太平洋ネットワークの中心となり得る。台北港が隣接していることに加え、既に高速道路と高速鉄道を有している点でもハブになる条件はそろっている。桃園空港の競争力が高められると同時に、「桃園エアロトロポリス」が計画通り推進されれば、台湾産業の国際的発展が期待できる。

次に、タイで2016年（平成28年）に公表された国家プロジェクト「タイランド4.0」に注目する。そのプロジェクトでインフラ開発に関する「東部経済回廊」（Eastern Economic Corridor）が今後の経済発展をリードする重要な計画と位置づけられた。首都バンコクと東部3県において、空港・鉄道・港湾・道路の物理的インフラを整備するという内容である。バンコクにはスワンナプームとドンムアンの2空港があるが、東部3県の最南端で港湾にも近いウタパオ空港の拡張が予定されている。これら3空港をつなぐ高速鉄道の新設と、レムチャバン港とマムタプット港の拡充も含まれる。

重点的に支援する産業として、①ロボット、②医療、③航空・ロジスティックス、④バイオ燃料・バイオ化学、⑤デジタルがあげられている。さらに、⑥次世代自動車、⑦スマートエレクトロニクス、⑧メディカル・ウェルネス・ツーリズム、⑨農業バイオ技術、⑩食品加工まで視野に入れられている。タイの東部3県は多数の日系企業も立地している地域である。3つの国際空港を高速鉄道で結び、小規模なウタパオ空港の周辺を特別区に指定することにより、バンコクとの回廊を整備しようとしている。

新ターミナルビルの建設、物流拠点となるカーゴセンター、商業施設の新設が計画されている点や、隣接地に航空機メンテナンスや航空訓練施設が設立される点などから「東部経済回廊」が明らかにエアロトロポリス計画にあたると考えられるが、計画そのものが壮大すぎるために現実に目標を達成できるかどうかは疑問である。特に、ロードマップでは2021年（令和3年）～2025年（同7年）までに実現すると想定されているが、COVID-19による影響から空港開発や周辺施設の建設を見直す可能性もあるだろう。

タイと台湾のエアロトロポリス計画の共通点は、航空・空港のみならず、道路、鉄道、港湾をも含めた国際ハブの形成を目指しているところである。同時に共通の課題は、壮大な構想であるために利害関係者が多くなり、さまざまな調整に時間を要する点で目標達成が遅れてしまう点であろう。このような計画が企図される背景には、アジアにおける都市間競争がある。中国の提唱する一帯一路の構想とアジアインフラ投資銀行（AIIB）の設立により、空路、海路、陸路で劇的な変化が起きると予想されるため、アジア諸国は今後も自国の産業インフラ強化に力を注ぐことになる。

Ⅳ．空港運営形態と都市機能の維持

1．民営化の多様性と他国企業の包摂

航空自由化が実施されるまで空港運営者は航空会社の希望に応じて空港サービスを提供する立場にあったが、自由化以降は航空会社が空港を選んで路線を設定するために、空港運営者は施設利用料やサービス内容を改善しなければならなくなった。国有企業や地方自治体による経営から株式会社化し、その後、純粋に民間企業による経営形態に移行しているのはイギリスである。約50の空港のうち半数近くが民間企業に移行

表4-5　Heathrow Airport Holdings Limited を保有する FGP Topco Limited の出資者

企業名·組織名	国籍	出資比率(%)
Ferrovial S.A.	スペイン	25.00
Qatar Investment Authority	カタール	20.00
Caisse de dépôt et placement du Québec	カナダ	12.62
Government of Singapore Investment Corporation Private Ltd.	シンガポール	11.20
Alinda Capital Partners of the United States	アメリカ	11.18
China Investment Corporation	中国	10.00
Universities Superannuation Scheme	イギリス	10.00

（出所）Heathrow Airport Holdings Limited 公表資料などに基づき筆者作成

したが、一部の空港では地方自治体が所有者として残っている。

イギリス空港改革の特徴は、①複数空港を一括して運営する企業がいくつか存在する点、②所有者に他国企業が関与している点、③ファンド企業が出資している点、④転売によって所有者が変更している点、⑤ファンド企業が撤退後に公有状態に戻った空港もみられる点、⑥複数空港の組み合わせが①と④の影響で変化している点などがあげられる。

首都ロンドンの玄関口といわれるヒースロー空港の所有者は表4-5のとおりである。もともと国有企業BAAの傘下にあったが、7空港の分割民営化後、現在は複数の外国企業が主たる所有者となっている。筆頭株主は以前からスペインの建設会社フェロビアルであったが近年、比率を下げて、それに代わってカタール投資局が参画している。空港運営者としては他国企業の出資を受けていた方が、路線設定の交渉が容易になり、コネクティビティを高める点で有利である。このように相手国を包摂する民営化を進めている点も、イギリスの大きな特徴となっている。

2.「空港間競争」からの相乗効果

観光に依存した空港はリゾート地をはじめとして、航空自由化が始まる以前から多数存在する。後背地の発展度や人口規模にもよるが、首都圏における空港はビジネス層の利用者が多いので安定している。それに対して、地方都市では施設使用料を引き下げるなど航空会社に就航して

表4-6　マンチェスター空港とリバプール・ジョン・レノン空港の対比（2018年）

順位	空港	所有者	乗降客数	国内線比率(%)	国際線比率(%)	
					EU内	長距離
3	マンチェスター	MAG	28,254,546	9.0	62.7	28.2
4	スタンステッド	MAG	27,995,121	6.9	85.3	7.8
12	リバプール・ジョン・レノン	PEEL	5,042,312	19.5	76.5	4.0
13	イースト・ミッドランズ	MAG	4,873,756	8.2	88.8	3.0
21	ドンカスター・シェフィールド	PEEL	1,222,295	4.9	93.3	1.9

（出所）UK Civil Aviation Authority 公表のデータに基づき筆者作成

もらうために、さまざまなPRを展開する必要がある。

「空港間競争」という表現が使われるが、近接する空港同士は利用者を取り合う関係に立つ。アウトバウンドでは国内線と国際線で後背地のゾーンが変わってくる。例えば、空港までの距離が200km程度の距離であっても、国際線を使う利用者にとっては選択肢に入ってくるので、2空港または3空港で後背地がオーバーラップするケースがある。そのような場合には、新たな需要を開拓できる魅力のある目的地を設定したり、パーキング料金を引き下げたりするなどのサービス提供によって利用者の増加を図っている。

イギリスのマンチェスターとリバプールの両空港間の直線距離は約60kmで競合関係にある。表4-6から明らかなように、乗降客数ではマンチェスターが圧倒的に大きい。リバプールは空軍からの払い下げを受けた小規模空港からスタートしているが、民営化以降に「リバプール・ジョン・レノン」空港という名称を使用し、成長してきた。近隣空港との競合関係がある中で差別化したネーミングを採用したのはユニークである。他国では政治家や音楽家の名前を冠した空港は多いが、リバプールの出身で世界的にファンの多い音楽グループ、ビートルズのリーダーの名前をつけた点で注目を集め、その時代のファン層をインバウンドとして多く取り込んでいる。

港湾地域が疲弊した後、観光で市内中心地を再興しているリバプールだが、空港ターミナルビル内の壁面にヒット曲の歌詞が描かれ、ジョンレノンの銅像も置かれているほか、ビル前の道路には「イエローサブマリン」が地面に潜っているなど、空港到着段階から観光気分を醸し出している。ロゴマークにもジョンレノンの自画像や歌詞のフレーズを取り込むなど、アイキャッチ・マーケティングでも成功したと評価されている。空港運営会社はイングランド北部を中心に不動産・倉庫業を展開しているピール社で、早くから複数空港の運営を行っている。もうひとつのドンカスター・シェフィールド空港は「ロビン・フッド」という愛称を使っている。この空港も観光都市ヨークに近く、リーズ・ブラッドフォードと競合関係にある。

リバプールのライバル、マンチェスターの運営会社であるマンチェスター・エアポーツ・グループ（MAG）の株式は、マンチェスター市と近隣の9自治体によって共有されている。自治体所有のMAGが戦略的な経営を展開しているのは、リバプールとの競合関係の影響が大きい。もともとマンチェスターは混雑空港として指定され、施設使用料が規制されてきたが、リバプールとの競争上、自由な料金設定への変更を政府に申し出て認められたという経緯がある。

さらに、MAGは複数一括で保有していた小規模なハンバーサイド空港を売却した後、2013年にLCCライアンエアーの拠点であるロンドン・スタンステッド空港を買収した。この行動は以下の点から社会的なインパクトを与えたとみることができる。第1に地方空港の運営会社が首都圏の空港を購入したのは、世界的にも稀なケースである。第2に自治体が自らの株式をオーストラリアのファンド企業に売却することによって買収資金を調達した。第3に地元住民がこのような行動に反対することなく、利益を出せる空港経営に賛意を示した。リバプールとの空港間競争がMAGの戦略的行動に拍車をかけたものと判断できる。

3．スコットランド・北アイルランドの状況

イギリス南部のイングランド・ウェールズと比較すると、北部のスコットランドと地理的に離れた北アイルランドは人口が少なく、都市の発展度も高いわけではない。2019年（令和元年）の人口統計では、イギリス全体では6679万人であり、その内訳はイングランド5629万人、ウェ

表4-7　スコットランドと北アイルランドの空港（2018年）

順位	空港	所有者 / 備考	乗降客数	国内線比率(%)	国際線比率(%)	
					EU内	長距離
6	エディンバラ	GIP/ ガトウィックも運営	14,291,809	37.6	51.9	10.5
8	グラスゴー	AGS/ アバディーンも運営	9,652,516	43.9	43.0	13.2
10	ベルファスト国際	ヴァンシ / ガトウィックも運営	6,268,953	62.5	35.2	2.3
16	アバディーン	AGS/ グラスゴーも運営	3,055,995	57.3	24.1	18.6
17	ベルファスト・シティ	3i グループ / ファンド企業	2,510,294	94.6	5.3	0.1
23	インバネス	HIAL/ スコットランド政府所有	892,971	88.6	10.9	0.6
24	プレストウィック	スコットランド政府所有	680,958	0.1	99.8	0.1

（出所）UK Civil Aviation Authority 公表のデータに基づき筆者作成

ールズ315万人、スコットランド546万人、北アイルランド189万人となっている。スコットランドの人口はイングランドの約10%、北アイルランドは3%ほどになる。都市で見ると、ロンドン896万人、バーミンガム114万人、グラスゴー63万人、エディンバラ52万人、ベルファスト34万人であり、規模格差が顕著であることがわかる。

しかし、空港の乗降客数の順位では、表4-7のようなランキングであり、必ずしも人口規模に比例して小規模な空港というわけではない。もちろん観光で訪問する乗降客も多いが、地方分権が確立されているので、ロンドンや欧州関連機関との交渉で政治やビジネスでの移動も多いと考えられる。特に、ベルファストがわずか34万人の都市であるにもかかわらず、2空港で年間、約880万人もの乗降客に達しているのは特筆すべき点であろう。

空港の所有者に着目すると、下記のような特色が浮き彫りになってくる。

①エディンバラの所有者GIP（グローバル・インフラストラクチャー・パートナーズ）はガトウィックも運営しているので、首都圏との路線設定には強い影響力をもつ。

②グラスゴーとアバディーンの所有者AGSの出資者にスペインの建設会社フェロビアルが入っているが、同社はヒースローにも出資しているので、首都圏との路線設定には強い影響力をもつ（表4-5参

照)。

③ベルファスト国際については、ヴァンシがガトウィックを運営しているので、首都圏との路線設定には強い影響力をもつ。

④インバネスの所有者HIAL(ハイランズ・アンド・アイランズ・エアポーツ・リミッティッド)は、他のスコットランドにおける小規模な10空港も運営している。HIALの株主はスコットランド政府であり、地方政府の責任で路線を維持している貴重なモデルである。

⑤プレストウィックはグラスゴーの西側に立地する古い空港であり、民営化後にファンド企業によって運営されていたが、撤退したために公有化に移行した。

下位の3空港を除く上位4空港についての航空会社数と就航都市数を調べると、エディンバラ40/150、グラスゴー30/100以上、ベルファスト国際7/60、アバディーン16/100以上となっている。これらの数字からスコットランドと北アイルランドの空港もコネクティビティを意識しながら運営していることがわかる。地方都市であるから単にロンドンとつながる路線だけに固執してきたわけではない。イングランドと比較するとEU域内からの利用者比率は高くないが、地方空港においても国際線を重視しているので都市の活性化が維持できていると考えられる。

4. フランスの民営化と公的関与の継続

イギリスでは1990年代後半から空港運営を国有企業や地方自治体から民間企業に移行させ、多様なオーナーシップが容認されてきた。それとは対照的に、フランスでは株式会社形態への移行後においても中央政府や地方自治体が部分的に株式を保有するスタイルを貫いてきた。つまり株主として空港の経営に関与する余地を残している。株式会社であるので利益追求を目標としているのは当然であるが、所有者に公的組織が残ることによって中長期的な計画に基づく空港関連投資が容易になるメリットがある。

2010年代に入ってからフランス政府は空港民営化を推進する方針に

転換した。パリ・シャルルドゴールなど3空港を運営するADPは株式会社化された2005年（平成17年）当時、政府は68.4%を保有していた。2018年（同30年）末における株主構成は、フランス政府50.6%、機関投資家21.9%、スキポール・グループ8.0%、ヴァンシ8.0%、金融保険会社クレディ・アグリコル・アシュアランス5.1%、個人投資家4.3%、従業員持ち株1.6%へと変化した。このように民間企業が既に出資者として参画しているが、法的には過半数を越えて所有することは認められていない。

地方空港については、2015年（平成27年）～2016年（同28年）にかけてトゥールーズ、ニース、リヨンの空港会社の政府保有株式が民間企業に売却されることになった。この民営化によって、トゥールーズにConsortium of Symbiose and SNC Lavalin、ニースにConsortium of Atlantia, EDF Invest and Rome Airport、リヨンにConsortium of Vinci Airports, Predica and Caisse des Dépôtsが参画している。イギリスから約20年も遅れて民営化を適用した背景には、民間企業に対するビジネス・チャンスの提供と政府保有比率が高すぎるという他国からの批判への対応があげられる。

地方空港における中央政府の持ち分が低下し、インフラ・ファンドが関与することになったが、地方自治体と地元の商工会議所の所有比率は変わっていない。フランスの地方空港の大きな特徴として、各空港に地元の商工会議所がすべて25%の出資をしている点をあげることができる。地域ごとに後背地の特性を活かした路線の設定や空港を核にした都市開発が容易な環境を作ってきた。中央政府の関与がなくなれば、独自性を発揮しやすくなるという解釈も成り立つが、COVID-19以降、新たに所有者となった民間企業が収益悪化を改善できるのかという懸念もある。

V. むすび

わが国では最先端の技術を装備した都市を構築する概念としては、エアロトロポリスよりもスマートコミュニティやコンパクトシティの方が一般的に普及している。スマートコミュニティはICTをフルに活用し、環境負荷の少ない都市を創造する点に焦点があてられる。スマートコミュニティやコンパクトシティは、都市の規模や関与する事業者が異なるために、その定義には曖昧さが残っている。現実には、これらの都市開発が人口減少と脱炭素化に対応できる点で注目されているのは事実である。

不動産・建設業界やエネルギー・電機業界などが業種を越えて協力し、スマートコミュニティやコンパクトシティの計画を立て、現実に複数の実証実験が進められてきた。その背景には、次のような事情がある。第1に、効率的な家電機器を備えた住宅建設が促進できる。第2に、再生可能エネルギーの積極的支援とEVの普及を組み合わせれば、脱炭素社会の実現に寄与できる。第3に、地方自治体として公的施設を集約化すれば、公的インフラの維持管理が容易になり、経費削減につながる。

さらに、GPS技術の進化とシェアリング・エコノミーの浸透によって、通信と自動車関連企業が推奨する自動運転（CASE）に挑戦する自治体や、モビリティ重視の交通政策（MaaS）を展開しようとする地方も増えてきた。官民連携に基づく都市政策が必要となる理由として、以下の点があげられる。第1に、過疎化によって鉄道・バスの運行頻度が少なくなり、廃止の危機に直面する地域が増えている。第2に、高齢者の免許返納が促されているので、都市部においてもモビリティ確保が必須である。第3に公共交通機関のドライバー不足から、多様な移動手段が求められている。

エアロトロポリスは公共交通の機能を重視しながら民間企業の資金とアイデアで都市開発を進める点で、スマートコミュニティやコンパクトシティと矛盾するわけではない。わが国では航空自由化以降、航空会社が高い搭乗率の維持できる大都市間の路線に集中しているので、地方都市の路線が軽視されている。また、コンセッションにより民間企業に運営権を譲渡すれば、即座に経営状況が改善できると理解されがちである。高齢化社会でモビリティを確保し、観光と物流を継続的に維持するためには、後背地を含めて中長期的な観点から持続可能な都市開発を進める政策が不可欠である。

政策的に必要な措置は、以下の5点に整理できる。①中長期計画に基づき後背地の特性を活かした空港経営を展開する。②空港会社と地元のステークホルダーが協議する透明度の高い会議体を設ける。③広域経済圏の中で常に多様な路線を拡充しておく。④国際線で相手国の航空会社の就航を誘致してコネクティビティを高める。⑤中長期計画の目標値が達成できているかをチェックし、公表する監視体制が不可欠である。

2020年（令和2年）以降、COVID-19により世界的な規模で航空・空港の機能が停止した。移動制限を段階的に緩和しているが、感染状況が悪化すれば再度、制限が強化される可能性もある。コンセッションやシェアリング・エコノミーにより民間企業の活躍が期待されているが、不確定なリスク要因が大きくなるとこのような政策は成立しなくなる。1980年代から一貫して採用されてきた民営化・自由化の理念とは相容れない制度設計になるが、ネットワークとユニバーサルサービスの崩壊を避けるために、中央政府と地方自治体が迅速な手続きに従って航空会社と空港運営主体に支援策を打ち出す必要がある。

参考文献

石田哲也・野村宗訓（2014]）『官民連携による交通インフラ改革―PFI・PPPで拡がるビジネス・チャンス』同文舘出版

伊東誠（2007）「フランスの地方分権―交通分野を対象として」『運輸政策研究』Vol.10 No.2

木村琢磨（2012）「フランスにおける空港管理の動向―港湾管理との比較および判例分析を交えて」『千葉大学法学論集』26巻4号

タイBOI「いま注目をあつめるタイの最新投資制度第2回：東部経済回廊（EEC）」『Eastern Economic Corridor』Issue 02

手塚広一郎・加藤一誠編（2017）『交通インフラの多様性』日本評論社

中野宏幸（2014）『交通インフラ経営のグローバル競争戦略』日本評論社

野村宗訓（2008）「イギリスにおける地方空港の発展と離島路線の維持―LCCの貢献とHIALの経営を中心として」『運輸と経済』68巻11号

野村宗訓・切通堅太郎（2010）『航空グローバル化と空港ビジネス―LCC時代の政策と戦略』同文舘出版

野村宗訓（2011）「イギリス空港会社の複数一括経営―所有状況の特徴と欧州展開の実態を中心として」『運輸と経済』71巻4号

野村宗訓編（2012）『新しい空港経営の可能性―LCCの求める空港とは』関西学院大学出版会

野村宗訓（2013）「英国における空港再編成の進展―複数一括経営のもとでの競争創出」『KANSAI空港レビュー』No.413

野村宗訓（2015）「空港民営化と地域振興政策」長峯純一編『公共インフラと地域振興』中央経済社

野村宗訓（2016）「ASEANにおける空港運営の特徴―EUとの対比による考察」市川顕編『ASEAN経済共同体の設立―比較地域統合の可能性』中央経済社

野村宗訓（2017a）「空港民営化の政策分析―官民連携の将来像を考える」『経済学論纂』57巻3・4合併号

野村宗訓（2017b）「インフラ改革としての運営権譲渡（コンセッション）―公共サービスの維持手法についての考察」『経済学論究』71巻1号

野村宗訓（2017c）「イギリスBAとロンドン2空港の現況―民営化後の所有権からのアプローチ」『KANSAI空港レビュー』No.466

野村宗訓（2019a）「株式売却で民営化進める英空港　運営権譲渡には継続性に課題も」『エコノミスト』97巻12号

野村宗訓（2019b）「関西・伊丹空港にみる民営化の評価」『ていくおふ』No.155

野村宗訓（2020a）「英エアラインが経営危機　鉄道はいち早く「国有化」へ」『エコノミスト』98巻22号

野村宗訓（2020b）「エアライン復活の鍵握る航空中心のスマートシティ」『エコノミスト』98巻34号

楊智宇（2014）「桃園エアロトロポリス計画、東アジアのハブ空港整備で産業モデルチェンジを目指す」『中華民国台湾投資通信』Vol.221

Graham, A.（2018）“*Managing Airports: An International Perspective,* 5th ed.,” Routledge

Kasarda, J.D. and Canon, M.H.（2016）‘Creating an Effective Aerotropolis Master Plan,’ “*Regional Economic Review,*” Vol.5

Reece, D. and Robinson, T.（2018）“*Airport Ownership and Regulation,*” IATA/Deloitte

SIA Partners（2018）‘*Insight Study: Privatization Models for Airport Companies*’（https://www.sia-partners.com/system/files/document_download/file/2020-06/eng_insight_study_airport_privatization_models.pdf　2020年8月14日 最終閲覧）

[コラム]

多主体連携による都市再創造への期待

Ⅰ．都市を巡る環境の変化

1．歩きやすく、コンパクトな“まちなか”

近年の都市を巡る議論においては、人口減少と少子高齢化、温暖化を背景とした環境問題、震災や水害などの災害多発、AI等の技術革新、社会的格差の拡大や価値観の多様化によるダイバーシティへの価値転換などが、背景として検討すべき社会的変化としてあげられてきた。とりわけ、世界においては環境問題、日本においては少子高齢化と人口減少が、これまで量的拡大一辺倒であった都市政策のベクトルを大きく転換させた。

先進国の主要都市においては、CO_2の排出量を減らすための都市づくりが大きな課題となり、自動車に依存した郊外から都心への機能回帰とともに、都心部を歩行者や自転車を優先した環境に整える動きが活発化した。コペンハーゲンをはじめとするヨーロッパ各都市で、自転車専用道がネットワーク化され、自転車で通勤・通学をする市民が急増した。コペンハーゲンで発生する移動のうち自転車による移動の比率（自転車分担率）は41%で、コペンハーゲン市民で職場や学校が市内にある人は61%までもが自転車を使って通勤・通学するようになっている[1)]。これに対して東京都市圏の自転車分担率は13%程度であり、過去40年ほど振り返っても大きな変化はない（図1）。

日本においては環境配慮もさることながら、何より人口減少に対応した都市構造を議論する必要性が急速に高まった。超郊外や集落における

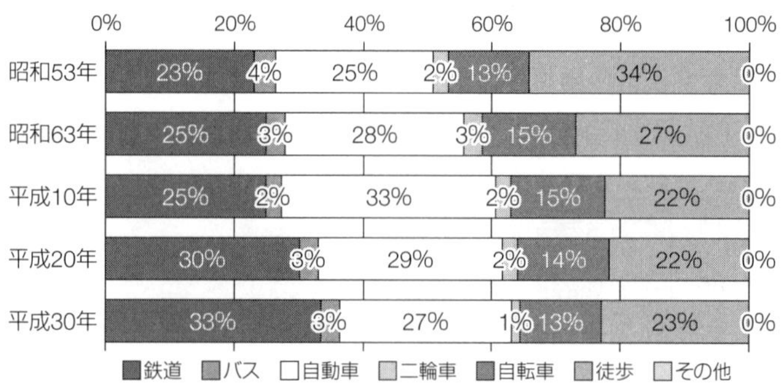

図1　代表交通手段別分担率の推移

出所：東京都市圏交通計画協議会（2019）「第6回東京都市圏パーソントリップ調査（令和元年11月）」記者発表資料（https://www.tokyo-pt.jp/press/06）より改変して引用

人口が減少し、空き家が増えていること、高齢化が進む地域の公共交通の維持が厳しい状況になってきていること、そして、高度成長期に建設された各種インフラが老朽化し、その更新に向けた考え方を整理することが急務になっていることを踏まえ、都市の集中と分散をバランスさせることで、全ての人が公共サービス等を受け続けられる地域のあり方が求められるようになった。2014年（平成26年）の都市再生特別措置法で導入された「立地適正化計画」に基づき、近年、各地方自治体で「都市機能誘導区域」と「居住機能誘導区域」を設定する計画が策定されている。そこで掲げられている新しい都市像が「コンパクト＆ネットワーク」という考え方である。コンパクトで高密度な都心部に都市機能を集中させ、そこに到達できる公共交通のネットワークを郊外部から構築することで、自家用車を運転しない高齢者も外出可能で、不要な都市基盤を建設しなくて済むため財政的にも持続可能な都市圏を張り巡らせようとしているわけである。

上記のように、文脈はやや異なるが、欧米や日本をはじめとする先進国で共通してコンパクトで高密なまちなかが志向されてきた。

2．都市基盤の整備・運営における官民連携

もうひとつ、欧米と日本に共通して起きてきたことが、地方自治体の財政悪化と、それに伴う都市基盤の整備や運営に関する民活事業が普及

したことである。これによって、都市の内部にさまざまな地区レベルのガバナンスが生まれてきた。

民活といえば、1980年代のイギリス・サッチャー政権下で進められた公共サービスの民営化、アメリカのレーガン政権による大幅な減税と規制緩和による民間経済の活性化が知られる。日本においてもほぼ同時期の中曽根政権において、電話、鉄道などの民営化が行われた。

この頃から、もともと国や地方自治体が主体となって行なっていたインフラ整備や公共サービスの事業を民間企業に委ねるケースが増え、近年では、単なる事業委託だけでなく、整備、所有、維持管理の役割分担や期間等を多様に設定しながら官民が役割分担をするPFI事業、それにとどまらない官民連携としてのPPP（Public-Private Partnership)、運営を完全に民間に委ねるコンセッション（公設民営）など、さまざまなスキームが導入されるようになっている。第二次世界大戦後の高度成長期に建設されたさまざまなインフラの老朽化と、人口減少に伴う税収等の減少を踏まえれば、多くの需要への対応をできるだけ効率化して行う必要があり、地方自治体と民間企業の連携が求められる現状は今後も大きく変化することはないだろう。

また、民間による都市開発事業においても、1980年代以降、単体の施設をリニューアルするだけではなく、エリアとしての価値を向上させるために民間の複数の事業者と行政が連携する動きが始まった。東京でいえば、西新宿、恵比寿、大丸有（大手町、丸の内、有楽町)、汐留といった地区から始まっていった。そうした中では再開発事業にあわせて、建物間または建物と駅の間をつなぐアクセス改善や公共空間の確保、エリア全体でのプロモーション等を進めるため、地方自治体と開発事業を進める民間企業が連携しながらまちづくりを進めることが必要となってきた。

ただ、こうした民活と連鎖する再開発は、都市のガバナンスに新たな課題を突きつけた。所得再分配や資源配分の機能を重視する地方自治体は公平・平等を是とし、全ての市民に同質なサービスが提供されることを重視する。これに対して民間事業者は人・物・金・情報といった経営資源を投入し、できるだけ効率的・効果的に事業を行うことを重視する。民活事業とはいえ、民間企業が事業を行う場合には採算性を重視するため、サービスの対価を高く設定したり、コストを削減したりすることもありうる。地方自治体には、民活によって市民に必要なサービスが一部にしか提供されない事態にならないよう「市場の失敗」を矯正する役割が求められる。

連鎖的な再開発が行われる場合にも、民間事業者にとっては収益性の高い開発を行うことが何より重要となるが、それだけでは地域の環境は改善しないため、周辺とつなぐ交通ネットワーク、公園等のオープンスペースの確保、緑化や環境配慮など、広く公共課題に寄与する動きと連動させることが重要である。開発と公共的な視点を両立させるには、地方自治体と民間企業の間には丁寧な協議や連携のためのルールづくりが欠かせない。特に両者が息の合う連携を実現するには、事業の規模や個別の仕様を協議するだけでなく、その事業を通じて10年、20年先にどのような都市の姿を目指すのかを共有し、それに基づいて官民連携の事業デザインを進めることが重要である。そして、その将来像が市民にも理解される必要がある。こうした連携のための仕組みが求められるようになってきたのである。

3．地区レベルのガバナンスの発展

行政、民間事業者、市民と多様なステークホルダーが、都市全体で将来の姿の共有を行うことは難しい。とりわけ東京や大阪のような大都市では不可能である。そこで、このような官民連携での将来像の共有とそれに基づく実験的な取り組みを、自治体内の地区単位で進めようとする動きが2000年後から増えてきた。それがエリアマネジメントと呼ばれるものだ。

同様の取り組みは海外の方が一足早く始まっており、カナダやアメリカでは1980年代頃から活発である。上述の民活と時を同じくしており、国や地方の財政難を背景に、特定地区において資産所有者が負担金を拠出して将来計画を策定し、それに基づいて官民が連携して事業を行

図2　ニューヨークの各地区に見られるようになったBIDが運営するまちなか広場
出所：筆者撮影

うエリアマネジメント（但し、海外ではPlace Managementという呼び名が一般的である）がBID（Business Improvement District）という地区ごとに設立される準地方公共団体の制度を通じて展開されてきた。ニューヨークにおいてはすでに70を超える地区にこのBIDが導入されており、あらかじめ策定された将来ビジョンや事業計画に基づき、官民が連携して公園や道路空間の一部を用いた広場などの公共空間を運営するほか、その地区における土地利用、開発等に対する意見集約や政策提言等を行っている（図2）。

このBID制度は北米のみならず、2000年（平成12年）以降、イギリス、ドイツ、シンガポール等において法制度化が進んでおり、日本においても大阪市が2014年（同26年）に日本初のBID条例（正式名称：エリアマネジメント活動促進条例）を成立させた。この条例は、大まかにいえば、都市再生特別措置法に基づく都市利便増進協定を結ぶ地区において、都市再生法人の認定を得たエリアマネジメント団体がコーディネートしながら「地区運営計画」を定め、これを市長が認定することによって、地方自治法上の分担金を当該地区の地権者に課すことができるよう

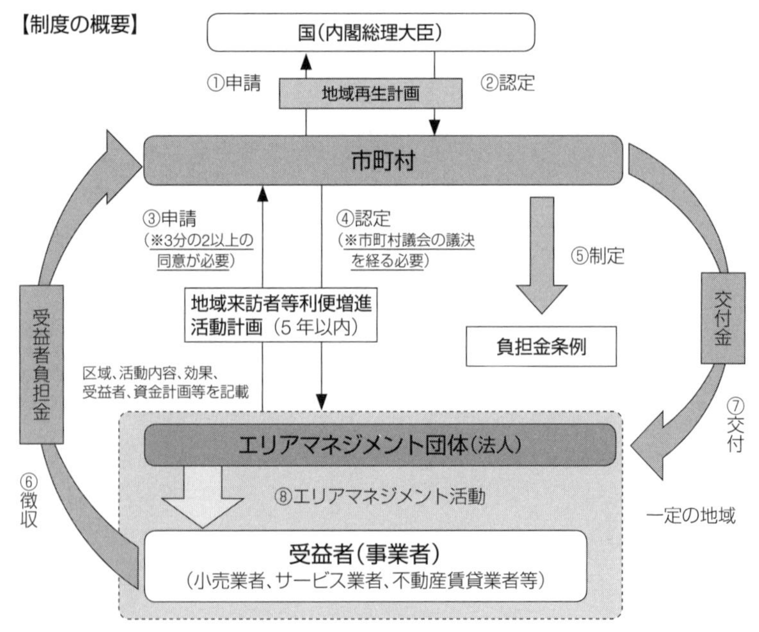

図3　地域再生エリアマネジメント負担金制度イメージ図

出所：内閣府（2020）「地域再生エリアマネジメント負担金制度ガイドライン」（https://www.kantei.go.jp/jp/singi/sousei/about/areamanagement/index.html）8頁より改変して引用

になるとともに、それを主たる財源としながら、先のエリアマネジメント団体が都市施設の整備又は管理を一括して行うようにする仕組みである[2)]。大阪市においてはグランフロントの開発に伴ってこの制度が導入され、周辺の公共空間の維持管理や利活用の促進のための事業のために地権者から負担金が徴収され、他の自主財源と合わせて、エリアマネジメント団体が事業を行なっている（都市経営研究叢書１参照）[3)]。

その後、2018年（平成30年）6月には国レベルでも地域再生法の改正において「地域再生エリアマネジメント負担金制度」が導入された。やはり特定の活動区域を設定し、その中で事業を行う者の３分の２以上の同意を要件として、市町村が、エリアマネジメント団体が実施する地域再生に資するエリアマネジメント活動に要する費用を、その受益の限度において活動区域内の受益者（事業者）から徴収し、これをエリアマネジメント団体に交付する官民連携の制度である（図3）。

表1　諸外国のBID制度比較

国	負担者	負担金額	期間	合意基準	活動	運営団体
日本	事業者	受益の限度	5年以内（更新あり）	3分の2以上の同意を得て申請	来訪者等の利便増進、その増加による経済効果を目指す活動	エリアマネジメント団体（法人）
イギリス	事業者（資産所有者型も存在）	予算割戻し、事業税の対象資産評価額に対し約1〜2%	5年（更新あり）	郵便による投票で51%以上の賛成	地域の事業環境改善に寄与する事業	BID会社（法人）
アメリカ（ニューヨーク）	資産所有者	予算からの割戻し、資産税の20%を超えないこと	5年程度（更新あり）	51%以上の反対なし	地域をより安全安心、清潔で活気ある地区にする事業	地区運営協会（非営利団体）
ドイツ（ハンブルク）	資産所有者	予算からの割戻し、面積割＋階数調整が基本	5年（更新あり）	投票で賛成30%以上、反対30%以下	公共空間の設計整備および維持管理、マーケティング	第三者に運営委託

出所：筆者作成

海外と日本のBIDは少しずつ制度が異なり、日本においては事業者が負担すること、負担金の決定においては、受益と負担の関係の整理を厳格に求めることが特徴であるが（表1）、国内外において、都市の一部区域を取り出してエリアマネジメント団体が行政との連携によって独自に公共空間の整備や運営を行うことは共通している。そして、その事業内容は上述した「歩きやすく、コンパクトなまちなか」という志向と連動しており、歩行者空間の整備や運営が、こうしたエリアマネジメントと連動していることが多い。

Ⅱ．多主体連携による地区運営への期待

1．都市建設から運営へ

都市において、地区レベルで10年、20年先の姿が話し合われ、それに連動して公共施設の再編や再開発が進むとともに、建物の間をつなぐパブリックな空間のあり方も検討されるようになってきた。20世紀後半の都市は自動車が安全かつスムーズに都市を移動できるようにするこ

とが最大の課題であったが、近年では、歩行者が安心して移動し、まちなかでゆったりと楽しく過ごせる都市が志向されるようになっている。これを実現するには官民の役割分担、整備と空間の利活用を包含する視点が欠かせない。

そもそも、従前の公共事業においては、計画〜整備〜運営の段階が分断されてきた。通常、行政において将来像を描くための基本的考え方が策定されたのち、基本設計、実施設計と進み、施工に至る。完成後は、その施設の維持管理や運営の段階となる。自治体では、それぞれの段階で別の部局が担当し、基本的な考え方を整理する段階では外部有識者を入れた委員会等が作られて運営まで含めた議論が行われたりするものの、その後の基本設計や実施設計で別の委員会が設置され、個別の事業者が入札等に応じていくうちに、最初に整理された基本的な考え方の多くは反映されないまま進む。何より、施設の運営者は施設等が完成してから改めて選定されることが多く、自治体の中での担当部局が変わることも多い。担当者の人事異動も含めると、最初の段階で広く議論された将来像が引き継がれるには課題が多く、なかなか運営段階のイメージをもちながらの整備、あるいは、設計時に想定された運営が実現することはなかった。

近年の官民連携やエリアマネジメントは、こうした整備から運営までの分断を避け、一貫した思想のもとに中長期的なまちづくりを行おうとする取り組みである。今後進められる都市基盤の整備や改良に関する議論が予め官民で共有されることによって、地権者や民間の開発事業者らも見通しを立てながら建て替えや機能更新を進めることができる。

大阪市においても、都心部でエリアマネジメントを展開する地区においては、将来イメージを可視化させ、そこに向けたロードマップを示すところが増えている。例えば、御堂筋においては淀屋橋から南海難波までの間に「御堂筋まちづくりネットワーク」「御堂筋・長堀21世紀の会」「ミナミまち育てネットワーク」というエリアマネジメント団体がそれぞれエリアを定めて活動している。それぞれが将来ビジョンを描いたり、それを実現するための社会実験等を通じて歩行者空間の充実を進めているほか、行政に向けても提言を行ったりしている。大阪市も、これらの団体との協議を踏まえて2019年（平成31年）に「御堂筋将来ビジョン」を公表しており、今後100年をかけてフルモール化していくと発表した。こうした都市の将来像の共有に向けた官民連携のプロセスは、これからの都市づくりにおいてますます重要になる。

2．マネジメント時代の受益者負担

都市基盤や公共施設の整備について述べてきたが、多くの都市において、すでに大規模な都市基盤施設の整備は一巡しており、全国的に人口減少が本格化している現状では、大規模な再開発や宅地開発は減っていくことが予想される。開発の前提となる地価上昇が見込まれない地方部においては、特に老朽化する社会基盤の維持管理にかかる負担がますます増大することは確実で、その改修に伴う資金調達は自治体にとってますます重荷になっていく。しかも近年のように災害が頻発するようになると、それに直接関係しない大規模事業を行うことはますます難しくなっていく。そこで考えなければならないのは、都市マネジメントとは誰が主体になり、その財源を負担すべきかという点だ。

前述したBIDがアメリカで受け入れられてきた背景には、公共施設の整備に際しては、広く市民が受ける「一般の利益」の中に、特定の市民のみが受ける「特別の利益」が存在するため、この2つの利益を分離した上で、特別な利益を受ける者には負担金が課されるべきであるという受益者負担に関する共通理解とそれを運用してきた公共事業の歴史があった。ところが戦後の成長期における日本では、広く市民に行き渡る便益と特定の層に厚くいく便益を区別しないまま、全ての公共サービスを行政が提供し続けてきたといっても過言ではない。昨今進んでいるエリアマネジメントは、まさにここに切り込み、官民が分担しながら都市基盤の改良や運営を行おうとする取り組みなのである。

今後の都市においては、すでにある施設や空間を生かし、それを利活用することで新たな魅力を創造するマネジメント型の土地活用が重要になる。古くなった施設や基盤を再整備する場合にも、もとに戻す発想ではなく、新たな民間活用を踏まえた環境整備を行い（例えば、予め収益事業ができるような機能を導入し、その収益還元で維持管理を行うなど）、その受益と負担を、エリアマネジメントといった仕組みの中で考えていく発想が重要になる。整備～運営まで長期的な視点から、官民が連携して競争力ある経済活動や質の高い居住等の機能が誘引される環境を整え、その結果として店舗の売上、賃料水準等が上がり、中長期的には安定的な地価水準と税収が期待されるようにする発想が必要だ。

短期的な地価の増減には左右されないが、経済活動の活発化などをベースに、期待される受益の額や受益者が相対的に明確なものを対象に、合意形成を丁寧に行っていくエリアマネジメントが、まさに今後の人口減少時代において必要な方策である。歴史的な変遷から日本においては受益者負担金に関し、負担金額の算定や受益者の範囲の設定に関する法的技術が発展しなかった。しかし今後は、このようなトップダウンの算定法よりも、合意形成をはかるためのステークホルダー間での将来ビジョンの共有やその実践への合意を創り出す技術の方が必要となる。想いのある事業者を集め、将来の期待の共有、期待利益を定量化するための社会実験、納得感ある将来ビジョンの可視化、事業計画の策定などを進めることが重要であり、そうした事業計画を遂行できる人材がこれからの都市に求められる。

3．展望：ローカリズムで分野を超えられるか

歩きやすく、コンパクトなまちなかへの志向を踏まえ、本稿では主に都心部における官民連携とマネジメントについて論じてきたが、基本的な都市基盤が整っていることは郊外部や小中規模の都市においても同じである。物的な充足が一定程度整っている一方で、暮らしに関する課題は防災力の強化、高齢者や子育て世帯の孤立を背景としたコミュニティ再編の要請など山積している。こうした地域課題への対応についても、団地再生事業などを契機としたエリアマネジメントが対応し始めている。例えば、兵庫県の浜甲子園団地においては、UR 都市機構と団地再生に参加した民間事業者らが、自治会、住民、地元の大学等と連携して

エリアマネジメント活動を展開しており、「災害時に助け合えるコミュニティをつくる」ことを掛け声に、広い意味で子育て支援、教育等に係る活動をエリアマネジメント活動の拠点を中心に展開している。

本稿で述べてきたように、エリアマネジメントは主に都市整備系の要請から生まれた仕組みであるが、地域住民に受け入れられ、地域課題に対応する新たな地区ガバナンスの仕組みとして定着するには、さまざまな地域課題に対応できる力が必要となる。その際には、行政の縦割りを超えてまちづくりや土木建設系の部局のみならず、防災、地域福祉、教育部局等との対話も深め、例えば、自主防災組織、地域包括ケア、コミュニティスクール等、それぞれの分野で展開されている地区内連携の仕組みと連動させて、内発的な力で将来の地域づくりを進めていけるような動きになることを期待する。

注

1）コペンハーゲン市の自転車白書 "*Copenhagen City Cyclist – Facts and Figures 2017*" によるデータ。

2）大阪市条例については以下のサイトを参照されたい。https://www.city.osaka.lg.jp/toshikeikaku/page/0000263876.html

3）佐藤道彦・佐野修久編（2019）『まちづくりイノベーション―公民連携・パークマネジメント・エリアマネジメント』（都市経営研究叢書 1）日本評論社

参考文献

小林重敬編著（2015）『最新エリアマネジメント―街を運営する民間組織と活動財源』学芸出版社

保井美樹（2020）「土地所有と社会基盤を巡る受益者負担の再考」『土地総合研究』2020年冬号、35-43頁

保井美樹編著（2019）『孤立する都市、つながる街』日本経済新聞出版社

第５章

水道広域化の効率性分析

Ⅰ．はじめに

総務省（2015）の調査によれば、日本の人口は減少傾向にあり、このことは水道にとって給水量が減少していくことを意味している。これからは、給水量の減少を前提として、老朽化施設の更新および耐震化に対応するためにさまざまな施策を講じなければならないという、水道関係者が未だ経験したことのない時代がすでに到来したといえる。

このような水道を取り巻く状況の大きな変化を踏まえ、厚生労働省より新しい水道ビジョンが公表された。「新水道ビジョン」では、これまで国民の生活や経済活動を支えてきた水道の恩恵をこれからも享受できるよう取り組むべき方策が提示されている。ここで提示されている方策のひとつが水道の広域化であり、水道事業の運営基盤強化を図るための効率化を考慮すれば、施設の統廃合や再配置の検討が必要となり、その際に事業の広域化が有効な手段であるとしている。

しかし、水道広域化は、施設の統廃合や再配置に伴う施設整備および事業間の連絡管整備等が必要となり、事業費が増大するケースが考えられる。また、施設の統廃合ができない場合に、広域化によるスケールメリットが発揮されにくくなる。広域化により事業効率化を図るためには、これら施設整備費等を差し置いてもスケールメリットによって運営費に対する費用削減効果が生まれなければならない。

そこで、本章では、近年の水道広域化が水道事業の効率性を向上させているかを確認するため、効率性を導出し、それに寄与する要因を推定できる確率的フロンティア分析を用いた政策検証を行う。

Ⅱ．水道事業の現状分析

1．水道事業の現状

1957年（昭和32年）の水道法制定以降、高度経済成長とともに水道の普及は急速に進んできたが、これからは、給水量の減少を前提に老朽化施設の更新および耐震化に対応していかなければならない時代である。本項では、給水量の減少と施設の更新および耐震化の需要について説明する。

⑴ 給水量の減少

日本の人口は、2010年（平成22年）の1億2806万人をピークに減少傾向に転じており（総務省 2015)、給水人口もほぼパラレルに2010年(同22年）の1億2494万人をピークに減少傾向に転じている（図5-1)。さらに、国民の節水意識の向上と家電メーカーの技術発展による節水型家電機器の普及等により、1人当たりの有収水量もまた減少傾向にある(図5-1)。給水人口と1人当たりの有収水量の減少が相まって、給水量が急激に減少しているのである（図5-1)。

水道事業は、原則として独立採算制をとっており水道料金で経営されている。しかし、上記のように、給水量が急激に減少し水道事業の収益もまた減少することによって、水道事業の経営状況はますます厳しくなってくる。ほとんどの水道事業は、水道料金の値上げをしない限り、確実に収益が減少していく事業構造となっている。

⑵ 更新と耐震化の需要

日本の水道は、高度経済成長とともに普及が急速に進み、水道普及率が97.8%まで上昇している（図5-2)。これに伴う水道施設への投資額の推移についても高度経済成長期から急増し、1990年代に最も大きなピークを迎えている（図5-2)。各年度における投資額の割合は、配水施設(主に水道管路）が約8割を占めており、残り2割が浄水施設となっている（図5-2)。さらに、投資額のピーク時における割合は、より配水施設

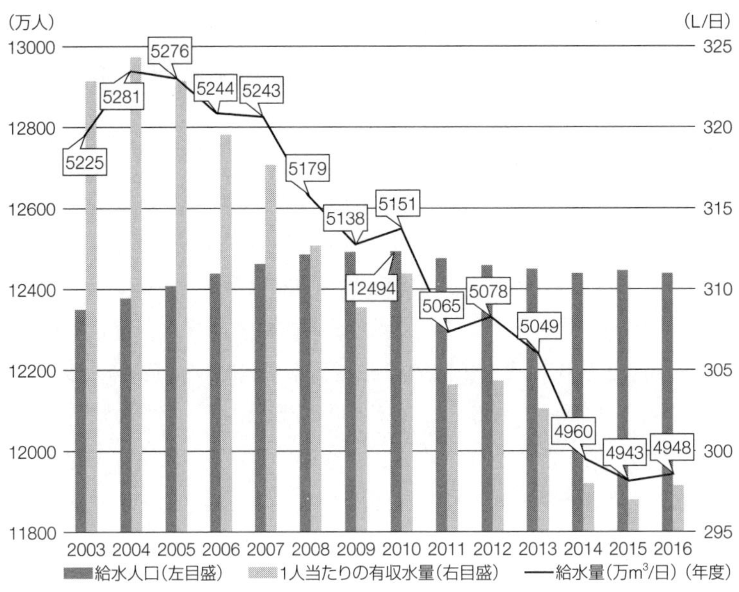

図5-1　給水量の推移

(出所) 総務省 (2005-2018) より筆者作成

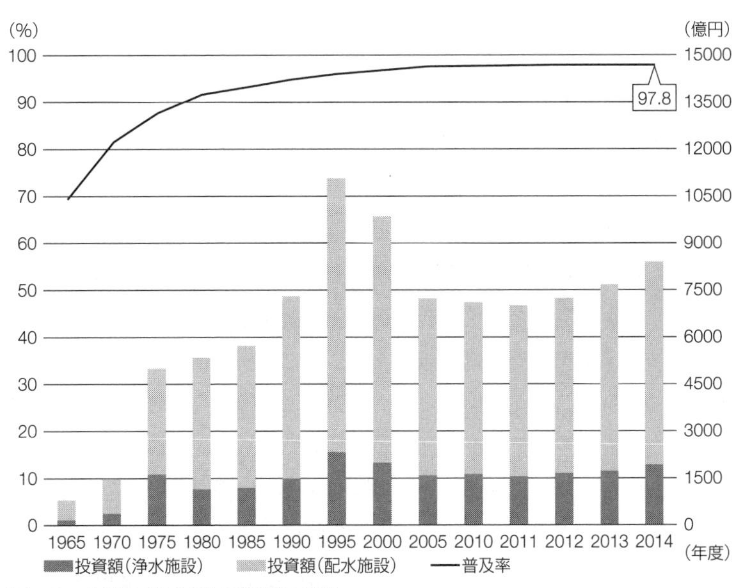

図5-2　水道の普及率と投資額の推移

(出所) 厚生労働省 (2017d)、公益社団法人日本水道協会 (1967-2016) より筆者作成

が大きくなっている。すでに高度経済成長期に投資された水道施設の更新時期が到来しており、これからは1990年代に投資された配水施設、特に水道管路の更新時期も迎えることになる。

水道施設の中でも投資額が最も大きいとされる水道管路は、法定耐用年数が40年であるが、高度経済成長期に整備された水道管路の更新が進まないため、管路経年化率が上昇傾向にある。厚生労働省（2017a）によれば、全国の管路経年化率が12.1％（2014年度〔平成26年度〕末）であり、ますます上昇することが見込まれている。また、管路経年化率の上昇要因とされる減少傾向の管路更新率は、0.76％（2014年度〔平成26年度〕末）となっている。これは、単純計算すると全ての水道管路を更新するのに約130年を要することを意味している。管路経年化率の上昇傾向と管路更新率の減少傾向の関係から、管路経年化がますます進むことが予測されるため、水道管路の経年化対策については、速やかな対応が求められているといえる。

さらに、近年多発している東日本大震災等の大型地震に備えて、管路耐震化への投資も並行して実施していかなければならない。これは、高度経済成長期に布設された多くの水道管路が耐震性能を備えておらず、震災時における安定的な給水について懸念されているからである。震災時の安定給水については、東日本大震災の経験を踏まえ、これまでの震災対策を抜本的に見直した危機管理対策を講じることが喫急に求められている。内閣官房（2014; 2018）では、南海トラフ地震や首都直下地震などの発生が想定される大規模地震に対し、水道も含めた強靭な国づくりに関する取り組みとして、「国土強靭化基本計画」および「国土強靭化アクションプラン2018」を策定している。その中で、水道施設については、基幹管路の耐震適合率を2022年度（令和4年度）末までに50％以上に引き上げる目標が掲げられている。

基幹管路の耐震化状況は、2016年度（平成28年度）末時点で耐震適合率が全国平均で38.7％にとどまっており、2015年度（同27年度）末時点（37.2％）と比較して1.5％の上昇である（厚生労働省 2017b）。これは、国の策定プランで掲げられている目標（50％以上）に対して決して早いペースとはいえない。したがって、水道管路の更新と並行して耐震化への投資も行っていかなければならない状況であるといえる。

2．水道事業の経営

本項では、水道事業の経営主体について概要を説明し、事業数が非常に多いという構造的な問題から水道事業経営の非効率性について説明する。

(1) 経営主体

水道事業の経営主体は、水道法第6条第2項より、「水道事業は、原則として市町村が経営するものとし、市町村以外の者は、給水しようとする区域をその区域に含む市町村の同意を得た場合に限り、水道事業を経営することができるものとする。」と定められている。また、地方公営企業法第2条より、水道事業（簡易水道事業を除く）に対して地方公営企業法が適用される旨が明記されており、地方財政法第6条と地方財政法施行令第46条より、地方公共団体の内部に地方公営企業を設けて独立採算制を前提とした特別会計にて経営されなければならないとされている。したがって、日本の水道事業は、原則として市町村が地方公営企業を設けて独立採算制を前提とし、地域住民に水道サービスを提供しているのである。

(2) 非効率性

日本の水道事業は、市町村営が原則であるため、事業数が非常に多いという構造的な問題がある。総務省（2018）によれば、2016年度（平成28年度）における水道事業（法適用）の給水収益が約2兆7000億円であるのに対し、事業数が1363事業（上水道事業1334事業、簡易水道事業29事業）に及んでいる。これは、同公益事業である電力事業の電灯電力料収益が約14兆4000億円に対する事業数が10事業であること、一般ガス事業の小口販売（家庭用）収益が約1兆3000億円に対する事業数が203事業であることと比較しても、水道事業の給水収益に対する事業数が非常に多いことがわかる[1)]。

水道事業数が非常に多いことから、小規模な水道事業も数多く存在する事業構造となっている。水道事業の規模が小さいことのデメリットは数多くあるが、根本的な問題として、水源から給水に至るまでのネットワークおよびシステム全般を市町村単位で構築せざるを得ないということがある。典型的な装置産業である水道事業は、コストの約３割が減価償却費であり、設備投資を含めた中長期的な経営計画をはじめとして、料金設定から事業運営を含む全てを市町村単位で行わなければならない。そのため、小規模事業をはじめとしたほとんどの水道事業において、最も効率的な事業設計および事業経営が行えているとはいえない状況である。効率的な水道事業の運営を行うためには、市町村単位ではなく、近隣水道事業を含めた広範囲で事業の最適化を図っていく必要があると考える。

３．水道の広域化

これまでの広域化施策の沿革とともに、水道広域化も発展し現在に至るが、水道を取り巻く情勢の変化により、新たな課題も明らかになりつつある。これら課題を踏まえて、水道広域化に期待される効果について説明していく。

⑴ 広域化の沿革

水道広域化は、水需給バランスの安定化や小規模水道の脆弱性等への対応を目的として、1967 年（昭和 42 年）制定の国庫補助制度や 1977 年（同 52 年）制定の広域的水道整備計画を規定した水道法改正法により推進されてきた。

上記に対して、厚生労働省（2004）は、「水道ビジョン」を策定し、長期にわたる不況や少子化による財政の逼迫、若手水道技術者の不足が安定的な供給を実現する上での課題と設定した上で、水道広域化を経営・技術の両面にわたる運営基盤の強化を図るための主要施策として掲げた。すなわち、水道広域化は、従来の水需給バランスの安定化や小規模水道の脆弱性等への対応といった観点でなく、運営基盤の強化を図るといった観点から推進されることになった。また、公益社団法人日本水道協会（2008）は、「水道広域化検討の手引き」を策定し、「水道ビジョ

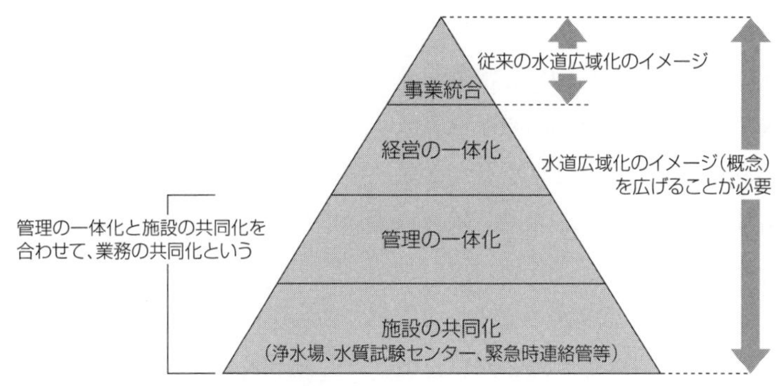

図5-3 「新たな広域化」のイメージ
(出所) 公益社団法人日本水道協会 (2008) より筆者作成

ン」に示された「新たな広域化」とは、「給水サービスの高度化やライフラインとしての社会的責務を果たすために必要な財政基盤及び技術基盤の強化を目的として、複数の水道事業等が事業統合を行うこと、または、その目的のために複数事業の管理の全部または一部を一体的に行うこと」と定義した。これにより、新たな広域化のイメージは、事業統合に加えて、経営の一体化、管理の一体化、施設の共同化といったソフト面の一体化や連携までを含めた広い概念となっている (図5-3)。

さらに、厚生労働省 (2013) は、「新水道ビジョン」を策定し、「新たな広域化」のイメージを発展的に広げ、従来の連携形態にとらわれない多様な形態の広域連携を「発展的広域化」とした。例として、地域の特性を考慮しながら、流域単位での連携や施設の共同整備、人材育成等の幅広い観点から連携することがあげられている。

⑵ 広域化の効果

これまでは、効率的に水需給の均衡を図る目的で行ってきた広域化政策であったが、財政基盤や技術基盤の強化という観点から、地域の実情に応じて事業統合や共同経営等の多様な形態による広域化を進めることが重要であるといった考え方へシフトしている。すなわち、水道広域化に期待される効果は、経営・技術の両面にわたる運営基盤の強化に移っている。

「水道ビジョン」では、水道広域化が事業統合から管理の一体化や施設の共同化といった多様な形態をとることが考えられるため、形態ごとの期待される効果について次のようにまとめている。事業統合は、施設整備、管理体制、事業の効率的運営、サービスなど広範囲にわたり技術基盤や経営基盤の強化に関して効果が期待できる。経営の一体化は、経営主体が１つになることで、施設整備水準の平準化や管理体制の強化、サービス面での利便性の拡大などの効果が期待できる。管理の一体化は、管理やサービス面で一体化する業務内容に応じて管理体制の強化、サービス面などの各種効果が期待できる。施設の共同化は、共同で保有する施設に関して、施設整備水準の向上、緊急時対応等の面で効果が期待できる。

上記が示す広域化の効果は、運営基盤の強化を主としているが、実際のところ最も期待されているのは、費用の削減と事業継続であると考える。広域化の初期には、事業統合や施設の共同化に伴う施設整備費等の負担が発生するが、このような費用を差し引いても長期的に経常利益が見込まれるなら広域化に経済的な意義があるといえる。広域化を決定する際には、このような費用削減効果が予想されるかどうかを検討し、決定後は、予想した効果が得られているか事業継続のための評価を行っていく必要がある。

Ⅲ．広域化の効率性分析

1．検証仮説

本節では、水道広域化による効率性向上の効果を確認するため、確率的フロンティアモデルを用いたパネルデータ分析により[2)]、水道事業における技術効率性の向上に水道広域化が寄与しているか統計解析を行っていく。統計解析で検証する仮説を以下のとおり設定する。

【検証仮説】

水道広域化は、水道施設の共同管理や統廃合に伴う事業費の削減により、水道事業の技術効率性を向上させる。

現状分析より、水道広域化は、水道施設の共同管理や統廃合に伴い、施設更新に必要な施設費や薬剤費および人件費の運営費等に関して費用の削減（規模の経済性）効果が生まれ、技術効率性の向上に寄与すると予測される。費用の削減効果にのみ期待しているのは、日本における水道の普及率がほぼ100％であるため、アウトプット（有収水量）の増加による効率性向上は考えられないからである。

2．分析の枠組み

確率的フロンティアモデルを用いたパネルデータ分析によって仮説検証するため、分析の枠組みについて説明していく。

(1) モデル式

本章では、Coilli, Rao and Battese（1998）による推定方法を用いる。フロンティア分析法による技術効率性を含んだフロンティア関数式を、本章のパネルデータを用いた水道事業のフロンティア生産関数に変換した式を以下に示す。

$$ln(y_{it}) = a_0 + a_1 ln(labor_{it}) + a_2 ln(asset_{it}) + a_3 ln(others_{it}) + v_{it} - u_{it} \quad (1)$$

各変数について、インプットとして職員数、有形固定資産、その他投入財の3つ、アウトプットとして有収水量を用いている[3)]。なお、推定する生産関数については、両辺に対数をとっている。

次に、技術効率性に寄与する要因を分析するための回帰式を、本章のパネルデータを用いた水道事業の技術効率性に寄与する要因を分析するための回帰式に変換した式を以下に示す[4)]

$$\begin{aligned} TE_{it} = a_i &+ \beta_1 ln(price_{it}) + \beta_2(hojo_{it}) + \beta_3(hukyu_{it}) + \beta_4(riyou_{it}) \\ &+ \beta_5(hyouryu_{it}) + \beta_6(dam_{it}) + \beta_7(jusui_{it}) + \beta_8(koiki1_{it}) \\ &+ \beta_9(koiki_{it}) + e_{it} \end{aligned} \quad (2)$$

(2)式は、水道事業における技術効率性の向上に、水道広域化が寄与しているのか検証するために、独立変数に水道広域化のダミー変数を用いている[5)]。ダミー変数を除く独立変数については、秋山（2016）の技術効率性に寄与する要因分析において有意と明らかにされた独立変数をコントロール変数として採用している[6)]。

次に、⑴、⑵式の各変数について詳細を以下に示す。

【⑴ フロンティア生産関数の推定式】

・y：有収水量

水道料金徴収の対象となった生産水量を表す。単位は「1000㎥」である。

・a_0：切片

xが0のとき、yの値を表す定数項である。

・a_x：回帰係数

xが1単位増加するときのyの変化量を表す。

・*labor*：職員数

水道の経営や施設管理に従事する収益的収支から給与が支払われる損得勘定所属職員と、水道の拡張事業に従事する資本的収支から給与が支払われる資本勘定所属職員の和である。

・*asset*：有形固定資産

土地、償却資産、減価償却累計額、建設仮勘定等の合計金額である。営業所の建屋、浄水場やダムの建築物、ポンプ、器具の備品等が含まれる。単位は「1000円」である。

・*others*：その他投入財

動力費、光熱水費、通信運搬費、修繕費、材料費、薬品費、路面復旧費、委託費、受水費（うち資本費相当分を減じた費用)、その他を合計したものである。単位は「1000円」である。

・v：誤差

実測値と予測値の差分で、ケースごとに存在するものである。

・u：技術非効率性

フロンティア生産関数との乖離から誤差を減じたもの。0～1の値をとる。

【(2)　技術効率性の回帰式】

・TE：技術効率性

　0～1の値をとり、1に近づくにつれ、水道事業は所与の技術の下でより効率的に有収水量を生産していることになる。

・α_i：切片

・β_x：回帰係数

・*price*：価格

　給水収益を有収水量で除したものであり、有収水量1㎥あたりの収益を示す変数である。

・*hojo*：補助率

　他会計負担金、国庫補助金、都道府県補助金、他会計補助金、他会計繰入金の和を総費用で除したものであり、事業運営のための費用のうち、どの程度が補助されているのかを示す変数である。

・*hukyu*：普及率

　現在給水人口を計画給水人口で除したものであり、給水区域内においてどれほど水道が普及しているかを示す変数である。

・*riyou*：施設利用率

　配水量を配水能力で除したものであり、どの程度施設が利用されているのかを示す変数である。

・*hyouryu*：ダム以外の表流水割合

　ダム以外の表流水を取水能力で除したものであり、河川等から取り入れる水量の割合を示す変数である。秋山（2016）によれば、ダム以外の表流水ダミーが非効率性に影響を与えることが確認できなかったが、本章では割合として採用することで、より精緻な分析を目指す。

・*dam*：ダム水割合

　ダム水を取水能力で除したものであり、ダムから取り入れる水量の割合を示す変数である。秋山（2016）によれば、ダム水ダミーが非効率性に影響を与えることが確認できなかったが、本章では割合として採用することで、より精緻な分析を目指す。

・$jusui$：受水割合

受水量を取水能力で除したものであり、水道用水供給事業から供給される水量の割合を示す変数である。

・$koiki1$：広域化初年度ダミー

広域化を行った年度を1とし、それ以外を0とするダミー変数である。水道事業の現状分析より、広域化初年度には、広域化に伴う施設整備費等が発生し技術効率性を低下させる問題が懸念され、その影響を確認するために採用している。

・$koiki$：広域化ダミー

広域化を行った年度とそれ以降の年度を1とし、それ以外の年度を0とするダミー変数である。水道事業の現状分析より、広域化による技術効率性への影響を確認するために採用している。

・e_{it}：誤差

(2) サンプルデータ

サンプルデータは、広域化に該当するダミー変数を除き、全て総務省の「地方公営企業年鑑」から引用する。広域化に該当するダミー変数は、総務省の「地方公営企業年鑑」および「市町村合併資料集」、厚生労働省の「水道事業における広域化事例及び広域化に向けた検討事例集」および「水道事業の統合と施設の再構築に関する調査」、各市町村のHPから引用し独自に作成を行った。

サンプルデータの抽出対象は、都道府県営、指定都市営、市営、町村営、企業団営の末端給水事業に加え、簡易水道事業のうち地方公営企業法を適用している事業とする。また、抽出年度は、筆者がデータ保有している地方公営企業年鑑の中で最古の2007年（平成19年）から最新の2018年度（同30年度）（2020年［令和2年］5月末時点）までの12年度を対象とする。

(3) ダミー変数の作成

本章の場合、以下の表5-1のように質的変数を2値変数に変換することで、独立変数として利用する。

広域化（初年度）のダミー変数は広域化を行った初年度かどうかを意

表5-1　広域化のダミーコード化

広域化（質的変数）	広域化（初年度）（2値変数）	広域化（2値変数）
広域化（初年度）	1	0
広域化	1	1

（出所）筆者作成

味し、広域化のダミー変数は広域化を行った年度以降であるかどうかを意味する。なお、広域化の対象は、近年の水道事業効率化を目的とした事業広域化に加え、自治体合併等による実質的な広域化も含んでいる。

⑷ サンプルデータの加工

定量分析の対象である2007年（平成19年）から2018年度（同30年度）において、水道事業の統合や編入による広域化が行われることで、各年度の事業数にばらつきが生じる。本章では、パネルデータ分析を行うため、事業数のばらつきを解消する必要がある。そのため、林（2013）のデータ加工方法を用いて事業数のばらつきを解消する。

水道広域化に伴うデータ加工を図5-4のとおり行う。統合に伴うモデルでは、過去に事業Bと事業Cが統合し、新しく事業Aが設置されているケースを想定している。この場合、統合前の事業数が2事業であるのに対し、統合以後の事業数が1事業となっているため、年度間における事業数に相違が生じている。この事業数の相違を解消するため、事業Bと事業Cのデータを合算した仮想事業Aを作成する。そうすることで、統合前の事業数が仮想事業Aの1事業のみとなり、年度間における事業数の相違が解消されるのである。編入に伴うモデルでは、過去に事業bが事業aに編入したケースを想定している。この場合、編入前の事業数が2事業であるのに対し、編入以後の事業数が1事業となるため、年度間における事業数に相違が生じている。この事業数の相違を解消するため、事業aと事業bのデータを合算した仮想事業aが作成する。そうすることで、編入前の事業数が仮想事業aの1事業のみとなり、年度間における事業数の相違が解消されるのである。

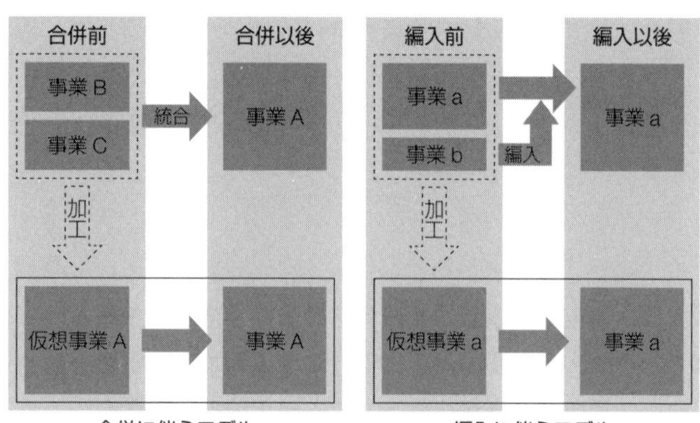

図5-4　広域化に伴う事業のデータ加工図
（出所）筆者作成

3．分析の実行

本項では、確率的フロンティア分析の結果を示し解釈していく。そして、設定した仮説の検証結果について説明する。

以下、表5-2に定量分析で用いる各変数の要約結果を示している。

⑴ 分析結果

⑴式のフロンティア生産関数について、FRONTIER Version 4.1（Coelli 1996）を用いて最尤法で推定した（表5-3）。

分散の係数σ^2とγの推定値は、1%水準で有意であり、非効率性の効果が確率的であることを示している。さらに、$\gamma = 0.757$ということは、誤差項全体の分散の要因のうち非効率性の分散によって説明される部分が多いことを示している。

次に、⑵式の技術効率性に寄与する要因分析について、IBM SPSS Statistics Version 26（IBM 2020）を用いてPooled OLS推定を行った。また、R: The plm Package Version 1.7-0（Yves and Giovanni 2019）を用いてWithin推定を行った。これら分析結果を以下の表5-4に示し、解釈していく。

Within推定による分析結果では、個別効果があるかどうかのP値（F検定）が出力されており、帰無仮説は、

表5-2　1変数の要約

A. 度数分布表（質的変数の要約）

変数		度数	パーセント
広域化初年度ダミー	0 なし	14928	99.7
	1 あり	48	0.3
	合計	14976	100
広域化ダミー	0 なし	14549	97.1
	1 あり	427	2.9
	合計	14976	100

B. 要約統計量（量的変数の要約）

変数	度数	平均値	標準偏差	最小値	最大値
技術効率性	14976	0.738	0.120	0.077	0.950
ln（有収水量）	14976	8.214	1.280	3.435	14.238
ln（職員数）	14976	2.462	1.209	0.000	8.367
ln（有形固定資産）	14976	15.686	1.189	11.500	21.607
ln（その他投入財）	14976	12.287	1.307	8.197	19.671
ln（価格）	14976	12.064	0.290	10.526	13.402
補助率	14976	0.051	0.097	−0.001	1.231
普及率	14976	0.862	0.135	0.028	1.685
施設利用率	14976	0.595	0.125	0.072	1.093
ダム以外の表流水割合	14976	0.179	0.300	0.000	1.000
ダム水割合	14976	0.074	0.197	0.000	1.000
受水割合	14976	0.283	0.361	0.000	1.000

（注）技術効率性は、FRONTIER Version 4.1（Coelli 1996）より導出
（出所）筆者作成

表5-3　フロンティア生産関数の推定結果

従属変数	独立変数	係数	t値
ln（有収水量）	定数項	−1.662	−22.551***
	ln（職員数）	0.309	53.886***
	ln（有形固定資産）	0.250	39.313***
	ln（その他投入財）	0.446	75.867***
	σ^2	0.235	49.611***
	γ	0.757	67.602***

*:10%水準で有意　**:5%水準で有意　***:1%水準で有意
（注）技術効率性の推定結果は、表5-2に示している
（出所）筆者作成

表5-4　技術効率性の要因分析

A. Pooled OLS推定

従属変数	独立変数	係数	P値	Adj.R^2	VIF
技術効率性	ln(価格)	−0.262	0.000***	0.662	1.300
	補助率	−0.422	0.000***		1.122
	普及率	0.065	0.000***		1.367
	施設利用率	0.017	0.001***		1.299
	ダム以外の表流水割合	−0.023	0.000***		1.241
	ダム水割合	−0.024	0.000***		1.101
	受水割合	0.047	0.000***		1.422
	広域化初年度ダミー	−0.001	0.916		1.123
	広域化ダミー	−0.004	0.298		1.128

*:10%水準で有意　**:5%水準で有意　***:1%水準で有意

B. Within推定

従属変数	独立変数	係数	P値	Adj.R^2	個別効果(平均)	P値(F検定)
技術効率性	ln(価格)	−0.121	0.000***	0.073	2.179	0.000***
	補助率	−0.222	0.000***			
	普及率	−0.005	0.352			
	施設利用率	0.058	0.000***			
	ダム以外の表流水割合	−0.013	0.057*			
	ダム水割合	−0.030	0.002***			
	受水割合	0.021	0.003***			
	広域化初年度ダミー	0.010	0.051*			
	広域化ダミー	0.104	0.000***			

*:10%水準で有意　**:5%水準で有意　***:1%水準で有意
(注) VIF ≧ 10 で多重共線性が存在する可能性が高いと考えられる
(出所) 筆者作成

$$TE_{it} = \beta_i + \sum_{n=1}^{N} \beta_n z_{itn} + e_{it} \tag{3}$$

$$H_0\!: \beta_1 = \beta_2 = \cdots = \beta_N \text{（全ての個別効果が同じである）} \tag{4}$$

である。P値（F検定）<0.001で帰無仮説が棄却され、「個別効果がある」ということになる。また、ハウスマン検定（本文省略）の結果より、その個別効果と独立変数の間に相関があることがわかった。つまり、本章のモデルにおいて固定効果があるということになる。固定効果がある場合、誤差項と独立変数の間に相関があるので最小二乗推定（Pooled OLS推定）は不適切となるが、固定効果推定（Within推定）により固定効果を取り除いた適切な係数の推定量が出力されている。したがって、係数についてWithin推定の分析結果を解釈していく。

広域化初年度ダミーは、回帰係数= 0.010で有意（P<0.1）であった。

Pooled OLS 推定の結果では有意でない因子が、Within 推定の結果では有意になっている。これは、広域化初年度ダミーが独立変数以外の時間を通じて一定な属性と相関があり、その固定効果を取り除いた広域化初年度ダミーの回帰係数は正に有意であることを意味している。また、他の独立変数が一定である場合、広域化を行う初年度は、技術効率性が0.010 向上することを意味しており、広域化初年度は、統計学的に技術効率性の向上に寄与していると解釈される。

広域化ダミーは、回帰係数 = 0.104 で有意（P<0.001）であった。Pooled OLS の結果では、有意でない因子が Within 推定の結果では有意になっている。これは、上記同様、固定効果を取り除いた広域化ダミーの回帰係数は正に有意であることを意味している。また、他の独立変数が一定である場合、広域化を行うことで技術効率性が 0.104 向上することを意味しており、広域化は、統計学的に技術効率性の向上に寄与していると解釈される。

(2) 検証結果

水道広域化が統計学的に技術効率性を向上させていると解釈されたため、仮説が支持された。広域化による水道施設の共同管理や統廃合に伴い、施設更新に必要な施設費や薬剤費および人件費の運営費等に関して費用の削減（規模の経済性）効果が生まれ、技術効率性の向上に寄与すると考えられる。

Ⅳ．おわりに

Ⅱ節では、水道事業の統計データを用いて、給水量の減少と施設の更新および耐震化の需要について説明した。また、給水量の減少を前提としたハード対策、すなわち効率性向上が求められる一方で、事業数が非常に多いという事業構造の問題から、水道事業の非効率性について説明した。水道事業の効率性向上を図るためには、近隣水道事業との施設の統廃合や再配置による水道広域化が有効な手段であると考えられるが、広域化に伴う施設整備費が高額となる場合やスケールメリットを活かすことができない場合に効率性低下が懸念されることを説明した。

Ⅲ節では、水道広域化は、水道事業の技術効率性を向上させるという仮説を立て、確率的フロンティア分析を用いた統計解析による検証を行った。統計解析の結果、水道広域化は、統計学的に水道事業の技術効率性の向上に寄与していると解釈され、仮説が支持された。なお、当該解析は、近年の水道事業効率化を目的とした事業広域化に加え、自治体合併等による実質的な広域化も対象とした結果となっている。

上記より、近年の水道広域化は、広域化に伴う施設整備等に必要な費用を差し置いても、スケールメリットによって、運営費に対する費用削減効果が生まれていることがわかった。したがって、水道広域化は、運営基盤強化を図る効率性向上の有効な手段となっており、より一層の推進が求められると考える。

最後に、2019年（令和元年）10月に施行された改正水道法では、施設や経営の効率化・基盤強化を図る広域連携の推進が重要視されており、都道府県には水道事業者等の広域的な連携の推進役としての責務を規定するなど、より一層の水道広域化が求められている。この時代に、本研究が水道広域化による持続可能な水道事業の運営を目指す上での一助となることを心から願い、本章をしめくくる。

注

1）各電力会社における2016年度（平成28年度）の決算資料と一般社団法人日本ガス協会（2016）および経済産業省（2017）を参照。詳細については、参考文献を参照されたい。

2）パネルデータとは、同一の対象を継続的に観察し記録したデータのことを指す。

3）秋山（2016）をはじめとした、水道事業の効率性を分析した先行研究で用いられている変数にならった（秋山 2016; 桑原 1998; 中山 2015; 原田 2004 を参照）。

4）Pooled OLS でβ_xを推定する場合、$a_1 = a_2 = \cdots = a_N$であると想定する。

5）ダミー変数とは、0と1でコード化された2値変数で、線回帰分析等の独立変数として連続変数を用いる分析手法において、質的変数を利用する場合に用いられる変数である。

6）コントロール変数とは、重回帰分析の特性を活かした、注目する変数以外の要因の影響をコントロール（一定に揃える）するために使用する変数である。

参考文献

秋山周吾（2016）「水道事業の効率性分析：日本の県営・市町村営事業体のパネルデータを用いた確率的フロンティアモデルによる分析」（http://www.me.titech.ac.jp/~higuchi/papers/master/2016akiyama.pdf　以下、断らない限り2020年5月7日閲覧）

一般社団法人日本ガス協会（2016）「都市ガス事業者の現状」（https://www.meti.go.jp/committee/kenkyukai/energy_environment/energy_kouri/pdf/h28_02_06_00.pdf）

沖縄電力株式会社（2017）「平成28年度　決算の概要」（https://www.okiden.co.jp/ir/library/setumeikai.html）
関西電力株式会社（2017）「2016年度　決算説明資料」（https://www.kepco.co.jp/ir/brief/earnings/index.html）
九州電力株式会社（2017）「2016年度　決算」（http://www.kyuden.co.jp/ir_library_presentations.html）
桑原秀史（1998）「水道事業の産業組織－規模の経済性と効率性の計測」、『公益事業研究』50巻 1号、45-54頁
経済産業省（2017）「ガス事業生産動態統計調査」（https://www.enecho.meti.go.jp/statistics/gas/ga001/）
公益社団法人日本水道協会（1967-2016）『昭和40-平成26年度水道統計』日本水道協会
公益社団法人日本水道協会（2008）「水道広域化検討の手引き―水道ビジョンの推進のために」（https://www.mhlw.go.jp/topics/bukyoku/kenkou/suido/kouikika/index.html）
厚生労働省（2014）「水道事業における広域化事例及び広域化に向けた検討事例集」（https://www.mhlw.go.jp/topics/bukyoku/kenkou/suido/houkoku/suidou/140326-1.html）
厚生労働省（2017a）「最近の水道行政の動向について」（https://www.mhlw.go.jp/file/06-Seisakujouhou-10900000-Kenkoukyoku/0000203990.pdf）
厚生労働省（2017b）「水道事業における耐震化の状況（平成28年度）」（https://www.mhlw.go.jp/file/04-Houdouhappyou-10908000-Kenkoukyoku-Suidouka/0000146764_1.pdf）
厚生労働省（2017c）「水道事業の統合と施設の再構築に関する調査」（https://www.mhlw.go.jp/file/06-Seisakujouhou-10900000-Kenkoukyoku/0000163589.pdf）
厚生労働省（2017d）「水道の基本統計」（https://www.mhlw.go.jp/stf/seisakunitsuite/bunya/topics/bukyoku/kenkou/suido/database/kihon/index.html）
四国電力株式会社（2017）「平成29年3月期　決算短信〔日本基準〕（連結）」（https://www.yonden.co.jp/assets/pdf/corporate/ir/library/settle/fy2016_q4.pdf）
総務省（2004-2014）「市町村合併資料集」（http://www.soumu.go.jp/gapei/gapei.html）
総務省（2005-2018）「平成15-28年度地方公営企業年鑑」（http://www.soumu.go.jp/main_sosiki/c-zaisei/kouei_kessan.html　2019年1月31日閲覧）
総務省（2019-2020）「平成29-30年度地方公営企業年鑑」（http://www.soumu.go.jp/main_sosiki/c-zaisei/kouei_kessan.html）
総務省（2015）「平成27年国勢調査」（https://www.stat.go.jp/data/kokusei/2015/kekka/kihon1/pdf/gaiyou1.pdf）
中国電力株式会社（2017）「平成28年度　決算について」（http://www.energia.co.jp/assets/press/2017/p170428-1a_1.pdf）
中部電力株式会社（2017）「2016（平成28）年度決算説明会資料」（https://www.chuden.co.jp/resource/corporate/irdata_20170510_1.pdf）
東京電力ホールディングス株式会社（2017）「2016年度決算概要」（http://www.tepco.co.jp/press/release/2017/pdf1/170428j0501.pdf）
東北電力株式会社（2017）「平成29年3月期（平成28年度）決算および平成30年3月期（平成29年度）業績予想について」（https://www.tohoku-epco.co.jp/news/normal/1194480_1049.html）
内閣官房（2014）「国土強靱化基本計画」（https://www.cas.go.jp/jp/seisaku/kokudo_kyoujinka/pdf/kk-honbun-h240603.pdf）
内閣官房（2018）「国土強靱化アクションプラン2018」（https://www.cas.go.jp/jp/seisaku/kokudo_kyoujinka/pdf/ap2018_0605.pdf）
中山徳良（2015）「日本の水道事業の技術効率性に影響を与える要因の分析」『オイコノミカ』52巻 1号、101-112頁
林亮輔（2013）「市町村合併による財政活動の効率化―合併パターンを考慮した実証分析」『会計検査研究』47号、27-38頁
原田禎夫（2004）「水道事業の効率性分析」『同志社大学経済学論叢』55巻 4号、565-598頁
北陸電力株式会社（2017）「平成28年度決算について」（http://www.rikuden.co.jp/press/attach/17042601.pdf）
北海道電力株式会社（2017）「平成28年度決算について」（https://www.hepco.co.jp/info/2017/1208985_1723.html）
Coelli, T. J., Rao, D. S. P., and Battese, G. (1998) "*An Introduction to Efficiency and Productivity Analysis,*" Kluwer Academic Press, Boston

第6章

自治体は合併により効率化したか

I．はじめに

都市圏の拡大にともなう対応として、都市圏に合わせて行政区画を拡大する方法と、課題ごとに広域連携をする方法が考えられるが、本章では、このうち前者の行政区画拡大に関連した問題を扱う。行政区画を拡大する手法としては、道州制のような広域自治体の設置や、自治体の合併が考えられる。こうした行政区画の拡大は、大都市の場合には都市圏の拡大に合わせるという目的があるが、歴史的には、むしろ小規模町村、もしくは市町村における行政の効率化という目的が念頭にあった。すなわち、明治の合併は小学校、昭和の合併は中学校の設置・管理ができる自治体規模を目指した。実は、平成の市町村合併では、政府はそのような目的を明示することはなかったが（後藤・安田記念東京都市研究所研究室 2013)、総務省の報告にもあるように（市町村の合併に関する研究会 2008)、それが小規模自治体の財政や人員の効率化を目指していたことは明らかである。つまり、自治体の規模を大きくすれば、行政や人員にかかるコストを節約できるのではないかという「規模の経済」の実現を目指したのである。本章の関心は、それが本当に実現できているのかどうかを確認することにある。

そこで、本章では平成の市町村合併により本当に行政が効率化したといえるかどうかを検証したい。ここでは、行政の効率化を住民1人当たりの歳出額を指標として考える。先に紹介した総務省の報告は、かなり早い段階で、行政の効率化を財政、人員、人件費等の観点から検証した結果、実際に合併により効率化されたという結論を示している。しかし、その分析方法はかなり問題を含むものであった。我田引水といってもよい。そこで、筆者はあらためて合併の効果を検証したことがある（五石 2012）。そこで得られた結論は、合併前後の期間（2001年〔平成13年〕と2008年〔同20年〕）において、合併をしていない自治体は合併した自治体に比べ、むしろ効率化している、というものであった。

しかし、それで最終的な結論が得られたわけではない。政府は合併を促進するため、合併特例債と地方交付税の合併算定替という財政的な支援策を用意した。合併した自治体の財政上の効率性が低下したのは、合併直後の財政需要とともに、これらの促進策の影響があったものと考えられた。促進策には期限が設けられている[1)]。その期限が近づけば、傾向は変化するかもしれない（五石 2012: 45頁）。

そこで本章では、五石（2012）で筆者が分析した2008年（平成20年）から10年を経過した2018年（同30年）までを分析期間として、あらためて合併にともなう財政効率上の影響を検証する。

本章の構成は以下のとおりである。Ⅱ節では、市町村合併の効果を分析する際の基本的な考え方を述べる。ここで、先にあげた総務省の報告書の分析方法がなぜ適切ではないか、その理由を説明する。Ⅲ節では、合併した自治体と合併していない自治体における財政指標の推移を簡単に比較する。ここから、2008年（平成20年）から2018年（同30年）の間における変化が見て取れる。Ⅳ節では、この間の平成の市町村合併の効果に関する研究のサーベイを行うとともに、それらの知見を活用しながら、パネルデータ分析や操作変数法等の手法を用い、合併の影響に関する統計分析を行う。最後に以上の分析結果を整理したい。

Ⅱ．市町村合併の効果を分析する際の基本的な考え方

自治体財政を規模別に分析すると、自治体人口の最適規模らしきものが、綺麗に見えてくる。そこで得られた最適規模の推計値をひとつの根拠として自治体の合併、あるいは、分割が議論されることもある。しか

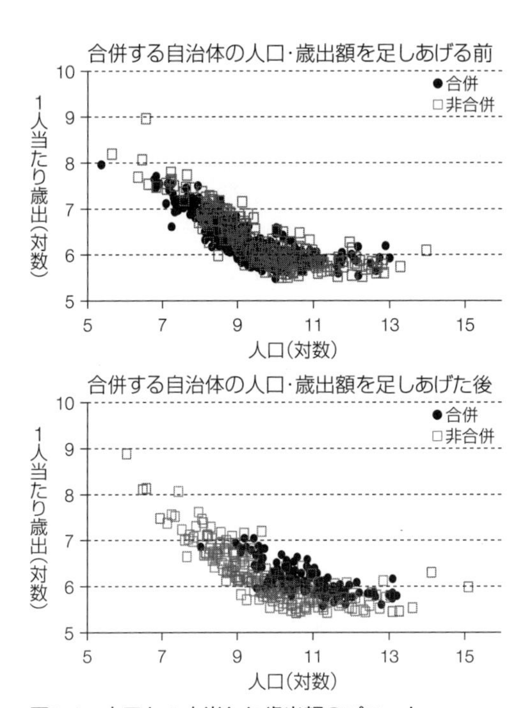

図6-1　人口と１人当たり歳出額のプロット
（注）わかりやすくするため、サンプル数を５分の１にした

し、以下で述べるように、それが適切だとはいえない。

図6-1は、2001年度（平成13年）における人口（対数表示）を横軸に、1人当たり歳出総額（対数表示）を縦軸にして、全自治体のデータをプロットしたものである。すると、図のように、実に綺麗なU字カーブが現れる（上下のグラフの違いについては後述する）。社会科学で、ここまで綺麗なプロットが描けるのは稀である。これを見ると、何か法則性があるのはないか、と思われてくる。

その法則性というのは、自治体の財政上の効率性に関するものである。U字カーブが描けるということは、必ずU字の底がある。その底こそは、最も1人当たり歳出額が小さい点、すなわち行政コストが最小となる点ではないかというのである。あらかじめいっておけば、筆者はその結論は適切ではないと考えている。なぜなら、確かにU字カーブ

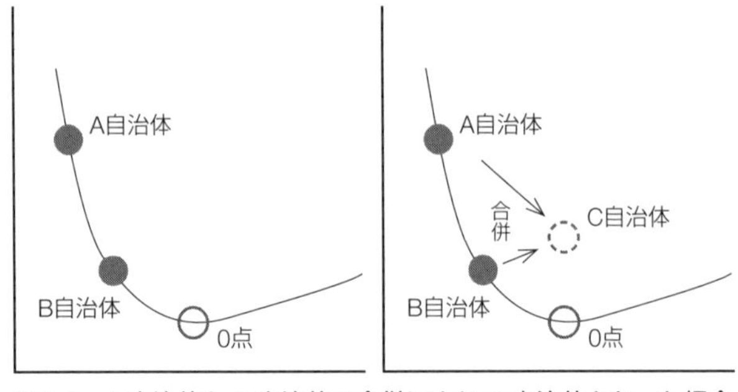

図6-2　A 自治体と B 自治体の合併により C 自治体となった場合

は綺麗に描けるものの、その底となる点は毎年違っているし、計算方法によっても違う。さらに、ここで示したのは 1 人当たり歳出額だが、歳出項目別に見ると、U 字カーブは依然として描けるものの、その形状はさまざまであり、したがって底の位置も異なる。このデータから得られる示唆としては、自治体の最適規模よりも、むしろ自治体の施策領域ごとの最適規模が異なっているので、画一的に行政区画を合わせるのではなく、施策領域ごとに広域連携を組む方がよいという結論を出す方が、むしろ自然である。

もっとも、1 人当たり歳出額という視点で見た場合、左端にある規模の小さい自治体や、右端にある規模の大きな自治体よりは、真ん中にある中規模の自治体の方が財政効率のよいことに疑いをはさむ余地はない。ここから、規模の小さい自治体は合併をして中規模を目指すという考えが生まれる。

しかし、単純に合併しただけでは、U 字カーブの底に近づくことができない。これは簡単な算数の問題である。まず、図 6-2 の左側を見ていただきたい。ここでは行政コストが最小となる点を O 点とし、A 自治体と B 自治体を考えている。図にあるとおり、両自治体とも規模が小さく、最適点の左側にある。そこで、A 自治体と B 自治体が合併した場合を想定したのが右側の図である。A 自治体と B 自治体は合併し、C 自治体となり、その規模は O 点と同じになった。しかし、合併したとしても O 点と同じ位置にくるわけではない。なぜなら、C 自治体の 1

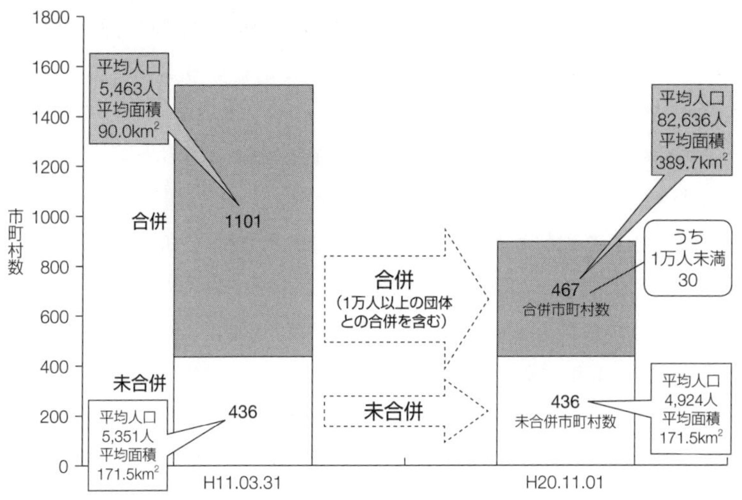

図6-3　総務省報告書の分析方法

(注) 1. 1万人未満団体は、H7国勢調査人口による
2. H20.4.15までに合併の官報告示を終えたもの
3. 段階的に合併した市町村については、重複してカウントしていない
4. H11.3.31の人口は、平成7年国勢調査人口による。H20.11.1の人口は、平成17年国勢調査人口による
5. H11.3.31の面積は、「全国市町村要覧(平成10年度版)」の面積による。H20.11.1の面積は、「全国市町村要覧(平成19年度版)」の面積による

(出所) 市町村の合併に関する研究会(2008)、21頁より改変

人当たり歳出額は

$$\frac{(A\text{自治体の歳出}+B\text{自治体の歳出})}{(A\text{自治体の人口}+B\text{自治体の人口})}$$

であるから、A自治体とB自治体の1人当たり歳出額の間に位置する。

図6-1により、これが現実に起きたことを確認できる。図6-1の上側は、2001年時点において、その後に合併することとなる自治体を●、合併しなかった自治体を□で表している。一方の下側は、その後に合併することとなった自治体の人口および歳出額を足しあげたものを●、合併しなかった自治体を□で表している。上側の図に比べ、下側では●の位置が全体的にやや右側にあることが見て取れる。これは、合併する各自治体の人口を足しあわせたためである。そして、合併する自治体は、合併しなかった自治体に比べ、1人当たり歳出がやや多い。つまり、

2001年時点において、その後に合併した自治体は非合併自治体に比べ、全体的に非効率であったのである。問題は、合併した後に、●の位置が下に下がるか（効率化するか）、そうでないか、ということになる。この点をⅣ節で検証する。

その前に、平成の市町村合併により財政が効率化されたとした総務省の報告書のどこがおかしいかを述べておきたい。同報告書の分析方法は、図6-3から理解することができる。ここでは、分析対象は合併前の1999年（平成11年）において人口が1万人未満であった自治体であり、この自治体が合併をした後に財政指標等がどう変化したかが分析された（市町村の合併に関する研究会 2008: 42-47頁）。図6-3からわかるとおり、合併前は人口が1万人未満であっても、合併後は平均人口8万2636人と大きくなる。つまり、図6-2でいえば、A自治体とC自治体を比較しているのである。人口が小さな自治体がより人口の大きな自治体と合併すれば、財政効率がより上がったかのように見えるのは明らかである。もしC自治体の合併後の財政指標を分析していれば、結論が変わっていたことだろう。

そもそも、合併の効果を分析するにあたって、合併前後の分析対象が違っているのは適切ではない。そこで本章では、合併前において、その後合併することになる自治体の財政指標や人口を足し合わせて（図6-2におけるC自治体）、これが合併後にどう変化したかを見ることにより、合併の効果を検証する。

Ⅲ．合併の有無別に見た自治体の財政指標の推移

分析に入る前に、まず合併の有無別に見た自治体の財政指標の推移を見る。もとになった統計は、財政データについては総務省「地方財政状況調査」の各年度版、人口については総務省「住民基本台帳に基づく人口、人口動態及び世帯数」の各年度版を使った。表6-1はデータの概要、表6-2が基本統計量を表している。

2011年（平成23年）の東日本大震災のため、岩手県、宮城県、福島

表6-1　データの概要

期間	2001～2018年
対象自治体数	1741
合併の有無別	合併自治体数:589 非合併自治体数:1152

表6-2　基本統計量（2008 ～ 2018 年）

変数名	サンプル数	平均	標準偏差	最小値	最大値
人口（対数）	19,151	10.1	1.5	5.1	15.1
1人当たり歳出（対数）	19,151	6.3	0.5	5.3	9.5
1人当たり地方税（対数）	19,151	4.8	0.4	2.9	7.9
1人当たり地方交付税（対数）	18,891	4.7	1.5	−6.1	8.1
1人当たり地方債（対数）	18,909	3.8	0.8	−3.1	8.0
面積（km^2）	19,151	213.6	247.1	3.5	2,179.4
都道府県における合併自治体の割合	19,151	58.6	25.8	4.5	100.0

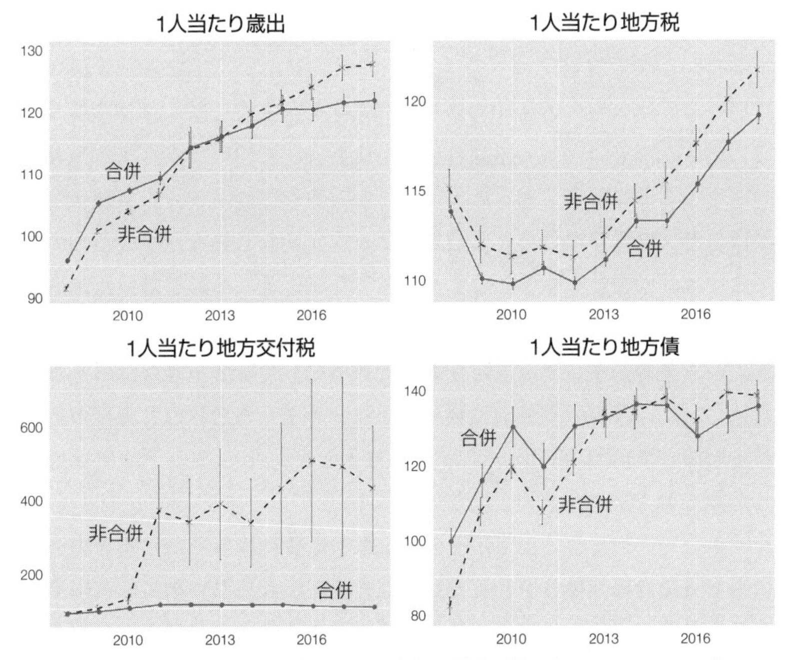

図6-4　合併の有無別に見た自治体の財政指標の推移（全国）：2008 ～ 2018 年
（注）各年における棒線は、各年の数値± 1 標準偏差を表している

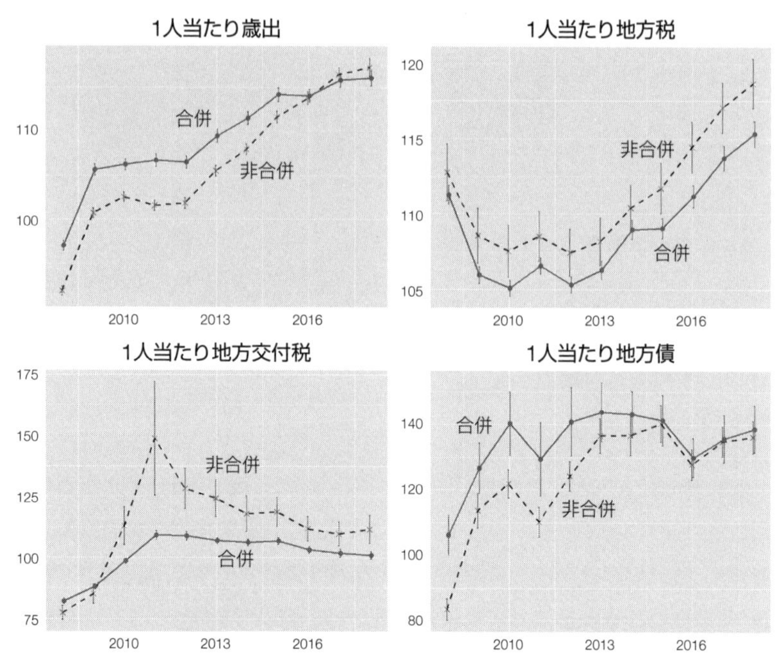

図6-5　合併の有無別に見た自治体の財政指標の推移（岩手、宮城、福島を除く）：2008～2018年

（注）各年における棒線は、各年の数値±1標準偏差を表している

県は地方交付税をはじめとした財政データがかなり異なっているので、ここでは、3県を含めた全国のデータ（図6-4）と、3県を除いたデータ（図6-5）を別々に作成した。表6-2、図6-4とも、住民1人当たり歳出、1人当たり地方税、1人当たり地方交付税、1人当たり地方債のそれぞれについて、合併の有無別に推移を見た。各1人当たりの財政指標は対数をとり、2001年度（同13年）を100として毎年の値の平均値を計算し、図では2008年度（同20年）から2018年度（同30年）までを示した。ここで、1人当たり地方税を示したのは各自治体における自力の経済力を見るためであり、1人当たり地方税と1人当たり地方債は、それぞれ合併算定替と合併特例債の影響を見るためである。

まず図6-4の1人当たり歳出を見ると、2011年（平成23年）までは明らかに合併自治体の方が非合併自治体を上回っていたが、2012～

2013年（同24～25年）にかけて両者の関係は逆転し、2014年（同26年）以降は非合併自治体の数値の方が高くなっていることがわかる。すなわち、2011年度（同23年度）までは合併自治体の方が非効率であったものの、2014年（同26年）以降は非合併自治体の方が非効率になっているのである。

ただし、これはあくまで合併自治体および非合併自治体における各年の平均値を見ているだけであり、個別自治体の時系列での動きを見ているわけでない。前者のデータを横断面データ（クロスセクションデータ）というが、後者のデータはパネルデータという（横断面と時系列を合わせたもの）。近年、社会科学における統計分析では、横断面データよりもパネルデータを用いた方がより正確に推計できるとされる。そこで本書でも、次節ではパネルデータを用いた分析を行う。

次に、1人当たり地方税の推移を見ると、期間中、常に非合併自治体が合併自治体を上回っており、しかもその差は開きつつあるように見える。自力の経済力は非合併自治体の方が上であり、その関係は合併後10年以上を経ても変化していないようである。

1人当たり地方交付税の推移を見ると、2011年（平成23年）以降、非合併自治体が合併自治体を大幅に上回っている。これは同年の東日本大震災や2016年（同28年）の熊本地震と関係している。最後に、1人当たり地方債の推移を見ると、2012年（同24年）まで合併自治体が非合併自治体を上回っていたが、2012～2013年（同24～25年）にかけて両者の関係は逆転し、2014年（同26年）以降は非合併自治体が合併自治体を上回っている。この動きは合併特例債と関係しているものと推測される。すなわち、合併当初、合併自治体は合併特例債により起債を行っていたが、徐々にこれが減っていったのではないかと推測されるのである。そして、この動きは歳出額にも影響を与え、当初は起債にともなう歳出額も増えたが、徐々にその影響が小さくなっていったのではないか。次節では、この点を踏まえた検証を行う。

一方、岩手、宮城、福島を除いた図6-5の1人当たり歳出の推移を見ると、合併自治体と非合併自治体の関係が逆転する時期は若干遅いものの、大まかな動きは図6-4と変わらない。すなわち、2015年度（平成27年度）までは、合併自治体の1人当たり歳出の方が高く、非効率であったが、2017年度（同29年度）と2018年度（同30年度）には非合併自治体の1人当たり歳出の方が高くなっている。

1人当たり地方税は図6-4と同じであり。期間中、常に非合併自治体が合併自治体を上回っており、しかもその差が開きつつある。1人当たり地方交付税では、2010年（平成22年）から非合併自治体が合併自治体を大幅に上回っている。1人当たり地方債は、期間中、常に合併自治体が非合併自治体を上回っているものの、2015年（同27年）以降、両者の差は非常に小さいままで推移している。

以上のように、岩手、宮城、福島を除いた場合のデータの動きは、3県を含めた場合のデータの動きとやや異なるので、次節では、岩手、宮城、福島を除いた場合も分析する。

Ⅳ. 合併にともなう自治体財政への影響分析

1. 関連研究のサーベイ

合併の効果に関する研究は、特定の基礎自治体や広域自治体内の事例を扱ったものだが多いが、ここでは全国のデータを扱ったものに限定したい。効果があったかどうかを検証するためには、何を効果の指標とするかを決めなければならず、職員数や人件費を対象としたものもあれば（伊藤 2014; 林 2013）、財政データを対象としたものもある（伊藤 2012; 西田 2016; 林 2013; 広田・湯之上 2013）。

これらの分析結果としては、まず、合併の多かった2004～2005年度（平成16～17年度）の直後、あるいは、その3～4年後までは、人口等の基準をそろえて比較した場合、合併自治体の歳出額、職員数は非合併自治体よりも多かった、あるいは削減幅が小さかった、と言えそうである（今井 2008; 五石 2012; 伊藤 2014）。たとえば、伊藤（2014）は2002年度（同14年度）と2009年度（同21年度）を比較し、人口と面積が同程度の非合併市町村に比較すれば、合併市町村の職員数の水準は都市・

町村ともに大きいと結論している。

一方、歳出を項目別に分ければ、様子が異なっている。西田（2016）は2000年（平成12年）と2012年（同24年）を比較し、財政データの変化率について、合併の有無は、歳入総額、歳出総額では有意にでていないものの、公債費は正で有意（合併自治体の方が増えている）、議会費では負で有意（合併自治体の方が減っている）と報告している。これは、合併により議会議員の削減がはかられたこととともに、合併特例債の影響があったものと考えられる。

分析方法が注目されるのは、林（2013）と広田・湯之上（2013）である。このうち林（2013）は、1998年（平成10年）と2010年（同22年）の2期間のパネルデータを構築し、合併後の日数の経過とともに、職員数は減少、給与水準は低下したと報告している。また、広田・湯之上（2013）は2001～2006年度（同13～18年度）の6年間のパネルデータ、広田・湯之上（2016）は1996～2010年（同8～22年）の15年間のパネルデータを構築し、やはり、合併の経過とともに1人当たり歳出が低下したという結果を得ている。

このように、広田・湯之上（2013; 2016）と林（2013）は分析にパネルデータ分析を用い、合併後の経過年数により、合併の効果に変化が見られたと報告している。そこで、本章においても、同様の手法を用いたい。その際、合併特例債と算定替の期限に近づくにつれ、その影響に変化が見られるものと予想されることから、分析対象期間を従来の研究よりも長くとりたい。具体的には、合併前の基準を2001年度（平成13年度）とし、合併後は2008年度（同20年度）から2018年度（同30年度）までの11年間を分析対象とする。また、従来の研究は、政策評価分析の方法として、合併前と合併後の分析対象が同一でなければならないという原則に照らして疑問があるものが多い点も付け加えておきたい。先述したように、市町村の合併に関する研究会（2008）はその典型的な例である。

2．パネルデータによる合併の影響分析

合併による財政への効果を検証するため、表6-3がパネルデータ分析の結果を示している。推定式は下のとおりである。

$$
\begin{aligned}
&1\text{人当たり歳出の対数}_{it}\\
&\quad= \beta_0 + \beta_1 * \text{人口の対数}_{it} + \beta_2 * \text{人口の対数}_{it}{}^2\\
&\quad+ \beta_3 * 1\text{人当たり地方税の対数}_{it}\\
&\quad+ \beta_4 * 1\text{人当たり地方交付税の対数}_{it}\\
&\quad+ \beta_5 * 1\text{人当たり地方債の対数}_{it}\\
&\quad+ \beta_6 * \text{合併の有無}_i * \text{合併後経過年数}_{it}\\
&\quad+ \text{年効果}_t + \text{固定効果}_i + \varepsilon_{it}
\end{aligned}
$$

$$i = 1,\cdots,1741 \qquad t = 2008,\cdots,2018$$

従属変数は1人当たり歳出の対数値（$\log(\frac{\text{歳出額}}{\text{人口}})$）であり、独立変数として重要なのは、合併の有無（合併の場合に1、非合併の場合に0）に、合併後経過年数を掛け合わせたダミー項（表6-3では単に「合併後年数」としている）である。たとえば、合併後5年を経過していれば1 × 5 = 5となる。そもそも合併していない場合は分析期間を通じて0である。この項の係数を見ることにより、合併が1人当たり歳出に効果があるかどうか、あるとすれば、その効果は年々小さくなっているのか（係数が負の場合）、あるいは大きくなっているのか（係数が正の場合）がわかる。

このほか、独立変数として、人口の対数値、人口の対数値の2乗、財政指標（1人当たり地方税、1人当たり地方交付税、1人当たり地方債）の対数値、年効果を入れた。

パネルデータ分析には、固定効果によるものと変動効果によるものとがあり、そのどちらが適切かをハウズマン検定（Hausman Test）により確認するが、その検定結果として固定効果を採用した。そのため、上記の式には固定効果が含まれている。

また、上の式の本来の意図としては、合併後年数が1人当たり歳出に

表6-3　分析結果

	パネルデータ分析（固定効果）	パネルデータ分析（固定効果・操作変数）	パネルデータ分析（固定効果・操作変数）岩手、宮城、福島を除く
人口	−0.004		
	(0.320)		
人口[2]	−0.030	−0.030***	−0.016***
	(0.018)	(0.006)	(0.002)
地方税	0.077	0.077	0.156***
	(0.040)	(0.040)	(0.032)
地方交付税	0.091***	0.091***	0.008
	(0.022)	(0.022)	(0.005)
地方債	0.122***	0.122***	0.118***
	(0.005)	(0.006)	(0.005)
合併後年数	−0.005***	−0.005**	−0.01***
	(0.001)	(0.004)	(0.003)
操作変数			面積、都道府県内における合併自治体割合
観測数	18,701	18,701	11,800
個体数	1,712	1,712	1,081
決定係数	0.437	0.437	0.614
Hausman Test	1977.02***		

（注）1. 表中の括弧内は標準誤差
2. 定数および年ダミーの係数は省略した
3. ***：1%水準で有意、**：3%水準で有意

対し効果があるかどうかを検証したいところだが、このままでは、1人当たり歳出が合併後年数に影響を与える場合を排除できない。つまり、両者は相関関係にあっても、それが因果関係にあるかどうかわからない。そこで近年では、この問題を解決、改善するためのさまざまな手法が提案、活用されているが、ここでは、そのうちの操作変数法を採用した[2)]。この手法を実際に使う場合に難しいのは、操作変数として採用できる条件があるという点である。すなわち、操作変数は内生変数（ここでは合併後年数）には相関する一方、従属変数（ここでは1人当たり歳出）には相関しないものを選ばなければならない。そこで、操作変数として、当該自治体の面積（合併自治体は面積が広い自治体が多い）、合併自治体が位置する広域自治体において合併した基礎自治体の割合（広域自治体の合併に対する積極性により、都道府県により合併の割合に差が生じ

た）を選択した。

表6-3の分析結果において重要なのは合併後年数であるが、係数β_6はどれも統計的に有意であり、符号はマイナスになった。つまり、合併から時間を経過するほど、歳出の抑制効果が働くということである。しかし、その抑制効果が本当に線形なのかどうか、ここからはわからないので、経過年数ごとのダミー項を加えてみた。その結果を紹介する前に、表6-3における他の変数を見ておきたい。

広田・湯之上（2013）、林（2013）では、人口の2乗の項の係数β_2が予想に反してマイナスになると報告されているが、ここでも係数はマイナスであり、操作変数を使った場合に有意になった。また、地方債の係数β_5はすべてプラスで有意になった。合併特例債の影響がでているのではないかと推測される。つまり、合併特例債による起債が多いほど、1人当たり歳出額が増えているのである。

では、合併経過後の各年での効果を見る。そのため、合併の有無の変数（合併の場合に1、非合併の場合に0）に、合併後経過年数のダミー変数を掛け合わせた項を作成した。このダミー項は1年から13年までの項を13個と、14年以上の項を1個で、全部で14個を作成した。たとえば、合併をしてから5年を経過していた場合には、合併後5年のダミー変数が1の値をとる。合併をしていない自治体は分析期間を通じて値は0となる。下が推計式となる。

$$
\begin{aligned}
&\text{1人当たり歳出の対数}_{it} \\
&\quad = \beta_0 + \beta_1 * \text{人口の対数}_{it} + \beta_2 * \text{人口の対数}_{it}^2 \\
&\quad + \beta_3 * \text{1人当たり地方税の対数}_{it} \\
&\quad + \beta_4 * \text{1人当たり地方交付税の対数}_{it} \\
&\quad + \beta_5 * \text{1人当たり地方債の対数}_{it} \\
&\quad + \beta_{6\sim19} * \text{合併の有無}_i * \text{合併後経過年数のダミー}_{it} \\
&\quad + \text{年効果}_t + \text{固定効果}_i + \varepsilon_{it}
\end{aligned}
$$

$$
i = 1, \cdots, 1741 \qquad t = 2008, \cdots, 2018
$$

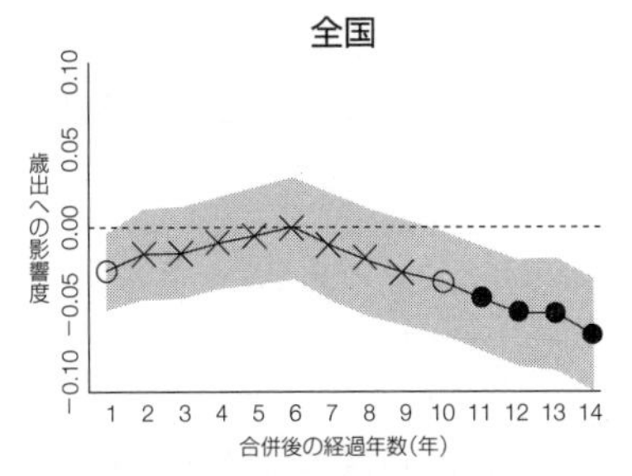

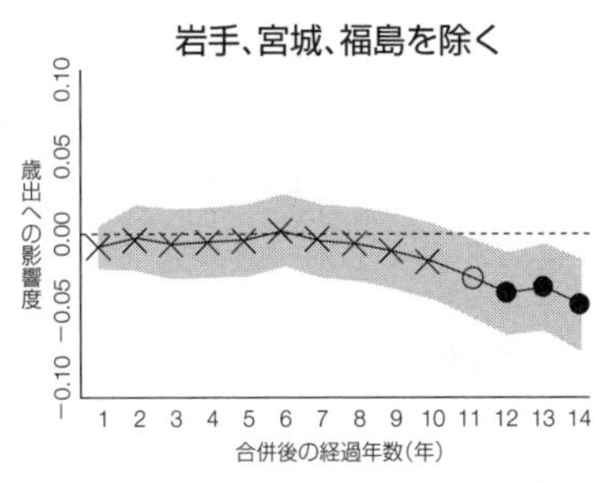

図6-6　合併の経過年数で見た歳出への影響度の推移

(注) 1. ●は 1%水準で有意、○は 5%水準で有意、×は有意ではない。グレーの部分は 95%の信頼区間を表す

2. グレーの信頼区間に 0 が含まれている場合、係数は有意ではない。係数が有意でない場合、合併後の経過年数は歳出に影響を与えていない可能性が高い

図 6-6 は、定式の推計結果のうち、14 個の合併後経過年数のダミー変数の係数をグラフ化したものである。左の図が全国のデータを使い、右の図が岩手、宮城、福島を除いたデータを使っている。係数の有意度は、●（1%水準で有意)、○（5%水準で有意)、×（有意でない）で示した。左右の図とも、トレンドは似ているが、左の図の方がやや値が低い。注意していただきたいのは、95%の信頼区間を示すグレーの領域において、y 軸の 0 が含まれる年度は係数が有意でないことを意味している。左図において有意なのは、合併後 1 年目、および 10 年目以降であり、右図において有意なのは、合併後 12 年目以降である。

トレンドとしては、両図とも合併後 6 年目までは歳出抑制効果が小さくなり（マイナスであることに変わりはないが、絶対値が小さくなる)、それ以降、抑制効果が増しているように見える。しかし、合併後 6 年目まで歳出抑制効果が小さくなるかどうかは、そもそも値が有意ではないので、この分析結果からはわからない。しかし、合併後 10 〜 12 年目以降に歳出抑制効果が現れる、ということは言えそうである。

歳出抑制効果の規模については、全国における合併後 14 年目を例にとると、人口や地方債務等の条件を一定として、合併していない場合と比べ、1 人当たり歳出は 93.2%の水準になっている計算である。つまり合併により、住民 1 人当たり約 6.8%の歳出が節約されたことになる。

また、岩手、宮城、福島を除いた場合、合併後14年目は、合併していない場合と比べ、1人当たり歳出は95.4%の水準であり、住民1人当たり約4.6%の歳出が節約されたという計算になる。

V．おわりに

自治体は合併により効率化したか、という問いに対する答えは以下のとおりである。すなわち、1人当たり歳出という観点から効率性を見た場合、合併後10年間は明確ではなかったが、それ以降に歳出抑制効果が確認された。その規模は、合併から14年後に1人当たり歳出において4.6～6.8%の抑制効果が見られるというものであった。ただ、合併から3～4年間は、合併特例債と算定替の影響によって、合併自治体における相対的な歳出増大（より正確には、歳出削減幅の抑制）効果が見られたことから、合併後10年以降の合併自治体における歳出抑制はその反動という解釈をすることもできる。また、自治体財政の効率化がすなわち住民の生活の向上や安定を意味するものではないという点も付け加えておきたい。昭和合併の際にも、役所等の移転や廃止にともない、町がさびれてしまったという歴史的な経験がある。合併という施策、政策の最終的なアウトカムは、あくまで住民の生活の向上や安定なのであって、財政の効率化ではない。

注

1）合併算定替は、合併後10年間（および5年間の激変緩和措置）は合併により普通交付税額が下がらないよう、合併前と合併後の算定額のうち高い方を選択できる措置。合併特例債は、事業費のうち95%を債権の起債額で充当でき、さらに自治体が負担するのはそのうちの3割のみでよいとされ、合併後10年間の起債が認められていたが、2011年（平成23年）の東日本大震災を受け、被災地は合併後20年、被災地以外は15年に延長され、さらに2018年（同30年）、被災地は25年、被災地以外は20年に再延長された。

2）統計分析でよく使われる回帰分析では相関関係は分かるが因果関係はわからない。政策評価を行う際には、この区別が特に重要になってくる。近年、日本語でも、この問題に対応するための分析手法（Random Controlled Trials; RCT）、統計的手法（Propensity Scoreや操作変数法等）を紹介した書籍が続々と出版されている。たとえば、中室・津川（2017）を参照。なお、この点に関し、Angrist and Pischke（2009）は経済学を専攻する大学院生に向けの教科書として広く使われているが、その邦訳は間違いが非常に多く、お勧めしない。

参考文献

伊藤敏安（2014）「合併市町村における職員数の変化とその要因の検証」『地域経済研究』25号、31-45頁

今井照（2008）『平成大合併の政治学』公人社

五石敬路（2012）「平成の市町村合併における「規模の経済」の検証」『創造都市研究』8巻1号、31-45頁

後藤・安田記念東京都市研究所研究室（2013）『平成の市町村合併―その影響に関する総合的研究』後藤・安田記念東京都市研究所

市町村の合併に関する研究会（2008）「「平成の合併」の評価・検証・分析」（https://www.soumu.go.jp/gapei/pdf/080616_1_2.pdf 2020年7月13日閲覧）

中室牧子・津川友介（2017）『「原因と結果」の経済学』ダイヤモンド社

西田小百合（2016）「平成の市町村合併の効果に関する考察」『岡山大学経済学会雑誌』47巻3号、141-154頁

林亮輔（2013）「市町村合併による財政活動の効率化―合併パターンを考慮した実証分析」『会計検査研究』47号、27-38頁

広田啓朗・湯之上英雄（2013）「平成の大合併と歳出削減―規模の経済性と合併後の経過年数に関するパネルデータ分析」『地域学研究』43巻3号、325-340号

広田啓朗・湯之上英雄（2017）「市町村歳出と人口規模の実証分析」『公共選択』67号、5-22頁

Angrist, J.D. and Pischke, J.-S. (2009) “*Mostly Harmless Econometrics: An Empiricist's Companion,*” Princeton University Press

第７章

これからの地域づくり活動拠点
——公民館不要論者と公民館論者との考察より

Ⅰ．はじめに

超高齢化・人口急減社会による地域課題が深刻さを増す中で、高齢者の見守りや買い物支援など、地域の暮らしに不可欠な生活サービスをどのように守っていくのか。このような課題に対応するため、多くの基礎自治体では地域運営組織[1)](Region Management Organization; RMO）がさまざまな自立的な活動を展開している。国においては、第２期「まち・ひと・しごと創生総合戦略」を策定し、RMOの形成を重視する方針が示され、2024年度（令和６年度）までに達成すべき重要業績評価指標のひとつとして全国7000団体を目指すことが明記された。

自治会、町内会等の機能が低下し、もはや、単独で課題を解決できないことから、概ね小学校区をエリアとして自治会や地区社協、体育協会、NPOなど多様な主体が連携し地域課題を解決する組織としてのRMOが結成されている。

総務省によるRMOの形成のみならず、厚生労働省による地域包括ケアシステムの構築、国土交通省による地域防災の実施、さらには文部科学省による地域学校協働活動の展開など、住民自治の強化による地域住民への期待はますます高まっている。

なお、本章における「コミュニティ」とは、RMOと同義である[2)]。

RMOの活動拠点の主要なものとして、文部省が戦後、法律から通達まで複雑な運営・管理の仕組みを積み上げてきた公民館や、その管理・

運営の方式は市町村が自由に条例等で決めるコミュニティセンターがあげられる[3)]。

地方自治法の改正により指定管理者制度が創設されて以来、「住民自治の強化のため」や「利用の範囲が拡大できる」という理由で、社会教育法上の公民館を廃止し、自治体の条例で設置するコミュニティセンターに位置づけ変えるという動きも各地で見られる。この動きは、コミュニティセンターの運営を地域コミュニティに指定管理者として任すことと併せて行われていることが多い。

松下（2003）は、「社会教育の終焉」の中で、公民館とコミュニティセンターの相違は「専任職員の配置」のみであり、都市型社会[4)]において市民は十分に成熟しているのだから、職員による上から目線の「教育」（=「社会教育」）は必要なく、それ故、社会教育施設である公民館は市民管理・市民運営のコミュニティセンターに切り替えられるべきであると主張する。

しかしながら、住民による地域づくり活動をより自立的なものにするため、その拠点の管理・運営までも住民の手で行うことは望ましい姿であると考えるが、古くから住民の手でコミュニティセンターを運営してきた自治体の実情を見ても、初期に比べると利用者数等の落ち込みは著しく、担い手不足に悩んでいる。

本章では、この松下の公民館不要論[5)]と公民館論者[6)]の主張を比較したうえで、古くから住民の手でコミュニティセンターを運営し、コミュニティによる地域づくりを進めてきた東京都三鷹市の住民自治協議会の事例を取り上げ、ヒアリグ結果などから今後の望ましい地域づくり活動の拠点について考察する。

Ⅱ．先行研究の整理

小熊（2009）は、社会教育の役割や公民館の存在意義についての主張はあちこちに見受けられるものの、松下の社会教育終焉論そして公民館不要論に対する反論がほとんど見あたらないことを捉え、現代における公民館の存在意義を公民館の学習提供事業の分析から考察し、従来の公民館論には論理的な矛盾が存在していたため、公民館不要論を批判しようとすれば自己批判につながるために反論できなかったということを明らかにした。具体的には、①公民館論では住民－行政間の対立軸の設定と、そこから導かれる住民自治重視・団体自治軽視の思想が論理の前提となっていること、②権力に対抗する住民が自分たちの望む生活を手にするために、住民の生活要求に即した学習が必要となることから、行政は住民の学習を援助するための公民館職員を置かなくてはならないと主張していたこと、③そこには、地域社会の民主的発展は未だ途上にあり、公民館はその達成に向けて、住民が行政（＝権力）に要求を突きつけていくことができるよう援助していかなくてはならないという発想があること、④それに対し松下は、現代社会は市民社会として成熟したのだから、行政が市民を「オシエ・ソダテル」行政社会教育やその施設である公民館、そしてそれに従事する職員は不要だと述べており、つまりは、地域社会の民主的発展は達成されたのであり、住民が行政から学ぶべきことはすでになくなった、だから援助という名のもとに行われる行政から市民への教育や指導は不要であるということ、である。

要するに、両者は非常によく似た論理を前提として議論している一方で、両者の違いは地域社会の民主的発展の進捗状況をどう捉えるかという点にあるとし、不要論では「成熟した」と捉えているのに対し、公民館論では「未だ達成せず」と捉えているという違いであるということを明らかにしている。

また、公民館不要論では、住民を「成熟した」と捉えていること[7)]、公民館論では権力に対抗する住民の育成支援と捉えていること、という視点の違いはあるにしても、双方とも成熟した市民にとっては、学習する施設だけがあればよいという結論に到達しているとしている。

また、遠藤（1993）は、「公民館」の社会教育施設としての日本的性格を明らかにしたうえで、「公民館不要論の急先鋒である『社会教育の終焉』（松下圭一著）の問題点」を３点指摘している。すなわち、①「教育」を教える者と教えられる者という固定的関係としか捉えていないということ、②公民館像を農村型社会のムラを原型として、都市化社会には存在意義を失うと結論づけているということ、③社会教育行政を不要とし、公民館職員が住民と共に課題に取り組むことにより、社会の問題を克服し社会全体を変革していく主体が、特に住民にもっとも近い末端の職員の中に形成される可能性を認めていないこと、である。

両者とも、松下圭一の公民館不要論を公民館論者の主張と理論的に検証しているものの、実態として、公民館やコミュニティセンターでの住民の活動が、公民館やコミュニティセンターがそもそも目指す結果を生み出しているのかという視点での検証は見当たらない。

Ⅲ．公民館およびコミュニティセンターの基本的事項

1．公民館の設置経過

公民館の設置について、上田（2017）は次のように述べている（上田 2017: 10 頁）。

「第二次世界大戦後、日本は戦争への道に突き進んだ過去を反省し、平和国家再建を模索し、教育こそ、その役割を担うものという認識にたどりつきました。戦前の日本は、教育によって戦争への道に突入していったからです。学校教育だけではなく、むしろ成人も視野に入れた社会教育が重要であるとの認識が広がっていきました。そうした教育の場を求める機運に呼応したのが『公民館構想』なのです。

文部省から全国へ発せられた公民館設置の文書には、次のように記されています。『日本に最も大切なことは、すべての国民が豊かな文化的教養を身につけ、他人に頼らず自主的に物を考え平和的協力的に行動する習性を養ふことである。そして之を基礎として盛んに平和的産業を興し、新しい民主日本に生まれ変わることである。その為には教育の普及を何よりも必要とする』。そのために、日本に『公民館』という社会教育のための施設を設置することにしたのです。」

この中に出てくる「公民館構想」とは、1946（昭和21年）年1月に当時、公民教育課長、社会教育課長であった寺中作雄が雑誌「大日本教育」新年号に発表した論文「公民教育の振興と公民館の構想」（いわゆる「寺中構想」）である。寺中はこの論文の中で、その役割を「公民館の構想は未だ私案の域を脱しないが、大体の思ひは之を以て全国各自治体に於ける社会教育の中心機関として義務教育の府たる国民学校に並んで其の教育的二大支柱の一たらしめんとするものであり教育的権威ある専任館長と数名の其の幕僚を当置せしめ不断に社会教育の施設を開設し、又常に町村民の親睦社交の場として開放し、日常茶談の中に其の文化的啓発と政治的向上を期せんとするものである」と位置づけている（片野 2015: 34頁）。また、その構想の中では、職員体制について、その館長には「国民学校長並に訓導の待遇以上を条件」、「名誉的に名望有家」を、また、「職員の養成には中央及び主要なる地方に専門的な養成機関を作る」、「公民館の職員は広く法制、経済、文学、政治学等の大要に通じて居なければならぬ」などと、具体的に論じられている。しかし、1946年（同21年）7月に全国の都道府県知事に送付された文部次官通牒「公民館の設置運営について」においては、このような職員体制の構想はそのままは反映されず、今日に至っている（片野 2015: 34-36頁）。

そして、1949年（昭和24年）、社会教育法の制定により公民館が規定され、その後、幾度の改正を経て、現在に至っている。社会教育法の理念と規定にもとづいて、市町村の公民館条例や公民館規則等が定められ、全国各地において公民館の設置と建設が進められてきた。

同法制定以降、「進展する社会と公民館の運営」（文部省社会教育局作成資料、1963年〔昭和38年〕3月）、「公民館のあるべき姿と今日的指標」（全国公民館連合会、1967年〔同42年〕7月）、「都市化に対応する公民館のあり方」（全国公民館連合会第二次専門委員会報告書、1970年〔同45年〕5月18日）などにおいて、公民館の運営やあり方についての考え方が具体的に示されている。

これに対し松下（2003）は、社会教育法の制定により、公民館は「ムラ」の自治から一段切り離され、社会教育「事業施設」として、文部省

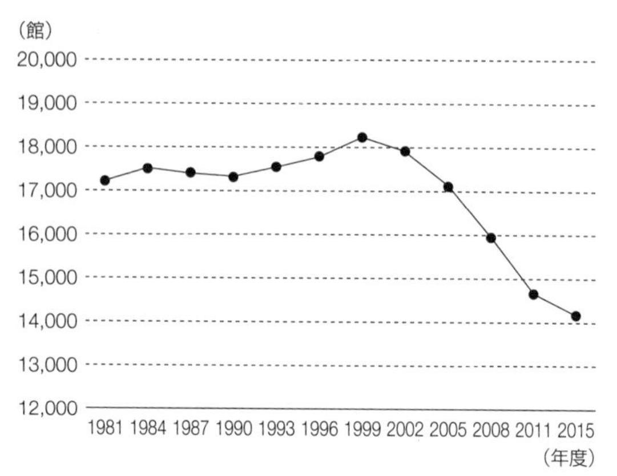

図7-1　公民館数の推移

（出所）文部科学省国立教育政策研究所 社会教育実践研究センター「平成30年度　公民館に関する基礎資料」より筆者作成

タテ割単能施設に位置づけなおされていく。ここで注目すべきは、「社会教育法」によって位置づけなおされた公民館は、社会教育行政のタテ割り「単能施設」であるにもかかわらず、なおその後もムラないし地域の「中心施設」をめざしていたことであると指摘するのである。この「ムラの中心」という原イメージは、その後の都市型社会への移行後も「地域の中心」となって生き続けたという（松下 2003; 38-40頁）。

公民館の現状について見てみると、全国の公民館数の推移は、1999年（平成11年）の1万8257館をピークに、急激に減り続け、2015年（同27年）には1万4171館となっている（図7-1）。また、利用者数についても減少している（図7-2）。

公民館数が減った理由について、「未来を拓く自治と協働のまちづくりを目指す飯田研究集会」記録（2013年〔平成25年〕）で、伊藤学司（文部科学省生涯学習政策局社会教育課長）が次のように述べている。

「特にここ三年間で、1000館以上減ったものですから、何で公民館を廃止したのですか？ というような調査を我々したんですね。実は、建物自体古くなったからもう壊しちゃうとか、行革でやめちゃう

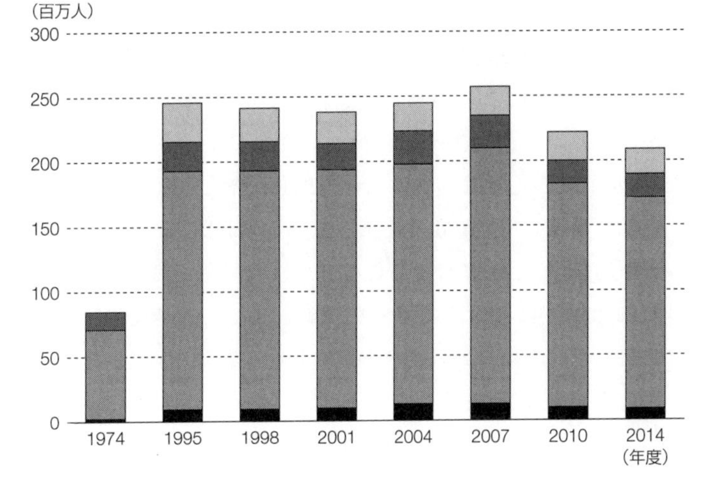

図7-2 公民館利用者数の推移

(出所)文部科学省国立教育政策研究所 社会教育実践研究センター「平成30年度 公民館に関する基礎資料」より筆者作成

よっていうのは、そんなに多くないんです。むしろ少ない。

公民館をもっともっと街づくりの中心としてうまく機能を活性化して使いたいから、公民館でいると非常に窮屈だと。教育委員会が固いこと言うと。なかなかいろんな使い方させてくれない、というような理由で、公民館の条例を廃止して地域のコミュニティセンターとか自治振興会館とか、そんなものにするんで、公民館じゃなくなりましたから数が減りましたというようなものかなりあるということがわかりました。」

2．コミュニティセンターの設置経過

コミュニティセンターを語るとき同時にコミュニティ組織を語らなければならない。それはコミュニティセンターが、コミュニティの形成のための拠点施設として示されたからである[8)]。

1969年(昭和44年)、国民生活審議会生活部会コミュニティ問題小委員会は「コミュニティ—生活の場における人間性の回復」という報告書

を出した。同報告書では、コミュニティについて「生活の場において、市民としての自主性と責任を自覚した個人及び家庭を構成主体として、地域性と各種の共通目標をもった、開放的でしかも構成員相互に信頼感のある集団」と定義された（横道 2009: 3 頁）。

また、「かつての地域共同体は『伝統的住民層』によって構成されていた。これが崩壊していく現代を第２段階とすれば、ここには圧倒的な『無関心型住民層』が生まれ出ることになったのである。次に来るべき第３段階においては、生活の充実を目標として目覚めた『市民型住民層』に支持を受けたコミュニティが成立しなければならない」という考え方を示した（横道 2009: 3 頁）。これは、今後の社会においては、都市化の一層広汎な進展と情報化社会を指向する急激な変化で、ますます人間性を失うことが危惧されることと、それに対してどのように対処すべきかを指摘したものであった。

そして、同報告をうけた自治省コミュニティ政策の大綱として、1971 年（昭和 46 年）の自治省の各都道府県知事あて事務次官通達「コミュニティ（近隣社会）に関する対策要綱」が出された。そこには、「地域共同体の崩壊とコミュニティ不在」の結果、①青少年の非行、②子供の躾機能の低下、③老人の孤独、④余暇消化の不備、⑤生活障害の増大、⑥危機対応能力の後退が問題化するとみて、地域を介する住民連帯の再生・再構築のために「コミュニティ」構築が提起された。

その中で、初めて学区がコミュニティの地域区分として登場した。その柱が町内会・部落会などの伝統的地域住民組織に代えて近代的なコミュニティの形成を促進するモデル・コミュニティ事業（1971-1973 年度〔昭和 46-48 年度〕）であるが、自治省はモデル・コミュニティ地区設定の基準を「おおむね小学校の通学区域程度の規模」と明示したのである。その後要綱が改正され、「おおむね」が「たとえば」に緩和されるが、小学校の通学区域（以下小学校区と記す）はコミュニティの地域区分としての主要な基準となっていった。

もとよりコミュニティの地域的範囲は一定ではない。国民生活審議会の報告も「人々の心のつながりによって維持される自主的な集団こそがコミュニティの姿であり」、その「外延は明確に定めることが困難」としていた（国民生活審議会 1966）。これに対し、自治省が「かなり人為的に小学校区をコミュニティ形成の単位としてとりあげた」のは、小学校区程度が住民活動をともなう住民組織形成のコンセンサスが生まれる地域単位の限界であり、住民の近隣生活のための物的環境の整備の基礎的単位として好都合であるとする政策的観点からであった。

小学校区単位にコミュニティセンターなどの施設を整備し、○○コミュニティ協議会といった名称の組織づくりを促進した自治省のモデル・コミュニティ事業は成功裏に展開し、これに呼応して類似の事業を実施する自治体も相次いだ。一方、当時の革新自治体は自治省のコミュニティ政策に反発し、あるいは触発されて、シビルミニマムの実現、市民参加、住民自治などを目的に掲げて独自のコミュティ政策を展開したが、ここでも多くは小学校区が地域の枠組みとして採用された。こうした中で、1970 年代以降小学校区を単位に形成された学区コミュニティは全国に広がっていった（佐藤 2017: 182 頁）。

1980 年代に入るとコミュニティ施設整備が一巡してコミュニティ政策は地域活動に重点を移し、自治会・町内会などが実質的なコミュニティの主体として前面に出るようになり、また 1990 年代には NPO やボランティアの成長を背景に、地域を超えた「テーマ・コミュニティ」も重視されはじめ、学区コミュニティの枠組みは政策上後退していった。そして、2000 年代以降にはさらに状況が大きく変わる。行政改革と大規模な自治体合併が進行し、コミュニティは自治の担い手・行政との協働主体として期待され、また、阪神・淡路大震災、東日本大震災の経験などから防災上の役割も注目されているが、少子化を背景に小学校の統廃合が進められ、また教育行政が学区の扱いを弾力化してきたことで、地域によっては、学区自体が必ずしも安定したコミュニティの地域区分ではなくなってきた。また高齢化や過疎化などを背景に、学区コミュニティを支えてきた伝統的住民組織の力も揺らいできており、学区をめぐる現在の状況は、コミュニティ政策の要として期待された 1970 年代とはまったく違ってきている（佐藤 2017: 183 頁）。

当初は「コミュニティ」という考え方がよく理解されず[9]、老朽化した公民館の建て替えが直接の目的になることが多かったが、指定（モデル）を契機にコミュニティセンターが設置され、コミュニティがつくられたことで地域社会の新しい「核」ができたことの意味は大きかった。いまでは、コミュニティセンターの中にコミュニティの事務局が置かれていることも多い。

松下（1999）は、都市型社会の移行につれて、都市化の深化している自治体では、町内会・地区会の加入率がへりはじめ、底抜け状態となってきたため、ようやくこの町内会・地区会の組織化というムダな課題から解放されると指摘する。さらに、官治下請の「包括加入」から地域での自由な市民活動となる「選択加入」の自治会への転換は、都市型社会への移行をみた今日、当然の要請であるとも指摘している（松下 1999: 87-91頁）。

Ⅳ．公民館論者と公民館不要論者の主張

1．公民館論者の主張

上田（2017）は、公民館はコミュニティセンターとは性格が異なるとする。公民館は「人が集う」ためだけの目的のものではないという理由で、「いわゆる街で見かけるコミュニティセンター」とは違うとしている。公民館は、地域の人々が集うことを介して、学びの機能を持つ施設であり、「人」を介して、学びの働きかけを創り出す組織や運営が組み込まれているものであり、そのための公民館職員の役割の重要性を強調している（上田 2017: 9頁）。

また、「本来の公民館活動にとってふさわしい体制は教育行政にある」とする。その理由として、「一般行政の下での公民館の展開は、一般行政部局の行政課題を抱えることになり、本来果たすべき公民館の機能を困難に陥れ、公民館運営において矛盾を抱え込むことになりかねない」と述べる（傍点は筆者による）。

さらには、公民館の制度を危機的状況に追い込む近年の潮流の基調

は、「地域づくり」推進策にあるのだと指摘する。現行の公民館ではなく、それを再編することによって、より一層大きな行政の力を発揮しよう、教育行政による従来の公民館から脱皮しようという勢力が「地域づくり」推進策なのだとする（上田 2017: 16頁）。戦前の日本の社会教育が、「地域づくり」という名目で、住民の自由を抑圧する役割に加担したという理由で、今の公民館が設置されたという、その存在理由を再確認してみる必要があるというのである。公民館は、与えられた地域をつくるのではなく、住民みずからが地域に民主主義を紡ぐ「地域づくり」を志向し、その過程に自らを鍛え上げる「学習」を織り込んだとして、地域づくりに必要な生活・地域問題への対応は、タテ割りの行政の垣根を超える力が発揮されるとともに、学習過程における民主主義的「方法」の強調なども学習の内容や方法における特徴を練り上げてきたという（上田 2017: 16-17頁）（傍点は筆者による）。

また、生涯学習についても触れ、1974年（昭和49年）、西新宿で始まった朝日カルチャーセンター等の教育文化産業の隆盛や、マスメディアを利用した個人学習の広がりが後押しする形となって、戦後の社会教育の蓄積によって描く学習論を寄り添う方向から外れていくものへと傾斜していったと批判的な指摘をしている（上田 2017: 145頁）。

さらには、第4回ユネスコ国際成人教育会議の「学習権宣言」を取り上げ、「人間の生存にとって不可欠な手段」、「基本的人権の一つ」として学習権を位置づける等、画期的な宣言であったと述べる。そして、それは戦後社会教育実践と理論によって育まれた日本の社会教育のあり方と共鳴することで、互いの教育的価値と方法を確認することができたとし、このことから、「同じ時期に松下圭一が発した『社会教育の終焉』は、明らかに、社会教育が育んだ戦後理念についての理解はたよりなく、ぼんやりとした社会教育観に身を寄せた言説でしかなかったのは、こういう経緯への認識が欠落していたからというほかない」と批判している（上田 2017: 146頁）。

2013年（平成25年）、長野県飯田市で「未来を拓く自治と協働のまちづくりを目指す飯田研究集会」が開催された。その議事録から、現在の公民館についての考え方を見てみる。なお、発言者の役職名等は2013年（同25年）1月29日現在のものである。

まず、開催地の飯田市長である牧野は歓迎ミニ講演の中で、公民館活動によって地域の信頼関係を構築したからこそ、NPOを立ち上げたり、コミュニティビジネスとしとて事業を成功させた事例を披露し、公民館の果たす役割の大きさを述べている。

また、尼崎市顧問である船木は、「全国的に見ると、やはり公民館が地盤沈下してきているということが久しく言われていることは否定できない。そして、社会教育の次に、生涯学習というコンセプトも入ってきてですね、公民館が、学びの場と言うよりは、すこし趣味の世界やお稽古ごとの場になっているとか、もしくは指定管理のもと純粋な貸し館にしかなっていないということで、地域づくりの拠点や、そのエンジンになっているという感覚はどうもないのではないか。そのような問いがあります。その辺の実情は、どうなんでしょうか」と問いかけ、実感として、「数多くの人たちがNPOの支援とか、若い人の経験機会の提供や腕磨きの場に関わっています。本当に一生懸命、手伝っているんです。しかしながら、私の経験では、そこに公民館とか社会教育の人との接点が、ほとんどなかった」と語っている。

上田（2017）の主張からは、結局は教育行政と一般行政のタテ割り意識が根底にあることが読み取ることができるとともに、マスメディアを利用した生涯学習のあり方を批判している点は、むしろ住民ニーズと逆行しているものと考えられる。

また、「未来を拓く自治と協働のまちづくりを目指す飯田研究集会」の議事録で見られる「公民館が学びの場、多種多様な公益団体が結集する場」といった発言や、「数多くの人たちがNPOの支援とか、若い人の経験機会の提供や腕磨きの場に関わっているが、そこに公民館とか社会教育の人との接点がほとんどなかった」という発言からは、コミュニティセンターの役割との違いがみられず、また、住民活動の実態と離れていることが感じ取れる。

2．公民館不要論者の主張

ここでは、松下（2003）は、「社会教育の終焉」の中でいう「社会教育施設である公民館は市民管理・市民運営のコミュニティセンターに切り替えられるべきである」という主張について、あらためて整理を行う。

コミュニティについては、国民生活審議会生活部会コミュニティ問題小委員会の問題提起、特に自治省の推進がなければ、日本の行政施策となり、現実の設置をみることはなかったかもしれない。そして、公民館が敗戦直後、文部省から郷土再建という形で提起され、1949年（昭和24年）の社会教育法で今日の方向が決まっていくのと同じく、コミュニティセンターの発足は、官庁主導の施策によっている。そのため、公民館対自治省という国のタテ割りの所管対立として受け取られていくと松下は指摘している（松下 2003: 20-21頁）。

そして、コミュニティという問題設定は、1970年前後に省庁主導のコミュニティセンターという「ハコモノ」づくりとして施策化され始めた。だが、地域単位では、既に文部省により公民館が施策化されていたため、公民館＝文部省、コミュニティセンター＝自治省という所管官庁の縄張り対立という形で受け止められるようになった（松下 2003: 22頁）。

松下は、コミュニティとは、基礎生活地域における市民交流の拡大によって、シビル・ミニマムの整備、さらに市民文化の成熟をめざした「市民の地域づくり」を意味する。そのため、コミュニティセンターづくりは、市民交流のチャンスを広げるための手段にとどまるため、コミュニティセンターを拠点とした市民自治によるコミュニティづくりないし地域づくりこそが基本であるのだと指摘する（松下 2003: 23頁）。

また、公民館とコミュニティセンターの違いについて、松下は第21回東京都公民館大会（第23回関東甲信越静公民館研究集会を兼ねる）『第7分科会助言者のまとめ』を引用し、その最大の相違は「専門・専任職員の有無」であるとしている。以下、引用箇所である（松下 2003: 25-26頁）。

「1）コミュニティ・センターが出来れば、限界があるにせよ、集会の場・学習の場ができ、また、自治意識も芽ばえるが、公民館との違いは、学習への援助者がいないことである。2）コミュニティ・センターの公民館化・公民館のコミュニティ・センター化等は、最終的には職員の有無の問題である。またコミュニティ・センターの市長部局管理は、一般行政からの教育行政の独立という形がくずれるものである。」

さらに、松下は、「社会教育行政理論家たちは、公民館職員にプランナー、コンサルタント、コーディネイターあるいはコミュニティ・ワーカーであることを求めている」としているが（松下 2003: 52頁）、これは、ここ数年、RMOの活動を支援するために多くの自治体で導入されている「地域担当職員」[10)]に求められるスキルと同様のものである。

そして、「市民の活力を、職員による運営・管理の公民館にとじこめることはもはやできない。かつてムラの施設を人々が管理・運営してきたように、公民館法制のワクをのりこえて、市民は〈地域センター〉を市民運営・市民管理しうる水準にあるからである」として、市民が自由に文化活動をおこなう自由な〈地域センター〉があればよいと結論づけ、そこから、一挙に職員不要論を持ち出す（松下 2003: 59頁）。

松下は、「今日、公民館ないし社会教育行政にとって不可欠な認識は、⑴ 社会教育行政ないし公民館がなくとも、市民文化活動は自立して存在している ⑵ 市民文化活動の多様化・高度化のもとでは、社会教育行政による指導・援助はもはや不可能である という二点」を指摘し、その上で「今度は、公民館は、ライバルのコミュニティ・センターが登場してきたからではなく、都市型社会にはいったため、社会教育行政自体においてカベにぶつかっているといわざるをえない」と評し、公民館を市民管理・市民運営の〈地域センター〉に切り替える根拠としているのである（松下 2003: 63-64頁）。

V. 小括

公民館の現状とともに、公民館論者の主張と松下の公民館不要論をみてきた。

双方の主張について、小熊（2009）は、1960年代の公民館教育機関論の代表的な論者である小川利夫、藤岡貞彦、佐藤千代吉らの主張と松下の主張を取り上げ、どちらの主張も住民―行政問の対立軸を前提としており、主権者である住民が地域社会を民主的に発展させるという思想があることが理解でき、両者は非常によく似た論理を前提として議論していると述べている（小熊 2009: 127頁）。逆に、両者の違いは地域社会の民主的発展の進捗状況をどう捉えるかという点にあり、不要論では「成熟した」と捉えているのに対し、公民館論では「未だ達成せず」と捉えているという違いだとする（小熊 2009: 127頁）。

この「成熟」をどう捉えるかは別に考察が必要であるが、小熊は、行政が関与するまでもなく、住民は自由に学習活動を展開し、生活課題や地域課題についても、行政がお膳立てしなくても学習し、改善点を各行政セクションに突きつけていく活動を展開していくことになるため、行政としてはそうした施設だけ用意すればよいことになる。結局、従来の公民館論においても、公民館である必要がないということになってしまうと結論づけている（小熊 2009: 127頁）。

現状として、全国に公民館はその数、利用状況など衰退の一途を辿っていることがわかる。このことに対し、公民館論者は、戦前の日本における社会教育は、「地域づくり」の名目で、住民の自由を抑圧する役割に加担した痛ましい歴史をもっている、公民館の制度を危機的状況に追い込む近年の潮流の基調は、「地域づくり」推進策なのだ（上田 2017: 16頁）、一般行政の下での公民館の展開は、一般行政部局の行政課題を抱えることになり、本来果たすべき公民館の機能を困難に陥れるとし、教育行政と一般行政との切り離しの必要性を主張している。さらに、公民館での地域づくり活動でこそ、タテ割りの行政の垣根を超える力が発揮されるとも主張する。

これに対し、公民館不要論を主張する松下は、公民館＝文部省、コミュニティセンター＝自治省という短絡された所管官庁のナワバリ対立であるとする（松下 2003: 22 頁）。

2013 年度（平成 25 年度）に開催された「未来を拓く自治と協働のまちづくりを目指す飯田研究集会」では、当時の文部科学省生涯学習政策局社会教育課長である伊藤学司が話題提供として「地域社会の編み直しに、私たちはどのように取り組むことができるのか」と題して話した中で、そもそも公民館とは何なのか？ ということについて述べている。ここで、伊藤は大事な点を述べている。「『本件につきましては内務省、大蔵省、商工省、農林省、および厚生省において了解済み』である。つまり、今、実は教育委員会が所管している公民館、教育施設だよね、文化施設だよね、と何となく教育の世界の中に閉じこもっているというのがあるんですが、当時、さきほど一枚目の図で示したように産業振興したり、地域おこしをしたり、つまり、内務省であったり、商工省であったり、農林省であったり、こういう、まさに日本の省庁全体が、地域における新日本建設のために公民館に立ち上がってもらいたい、公民館を作ってもらいたいというのが、そもそもの公民館の役割ということです」である。

現在、総務省はもちろんのこと、文部科学省、厚生労働省、経済産業省、国土交通省など国の各省庁の政策において、地域コミュニティの重要性や公民館などを拠点とした地域づくり活動の重要性が叫ばれる中、上田（2017）の公民館を地域の人々の集いの場としながらも教育行政と一般行政を切り離さねばならないという主張、さらには、公民館での地域づくり活動でこそ、タテ割りの行政の垣根を超える力が発揮されるという主張は、そもそもの公民館の趣旨と離れており、また現実の住民の地域づくり活動の目線ではないところからのタテ割りの意識ではないだろうか。

では、松下の主張する市民の手で管理・運営されているコミュニティセンターを拠点とした地域づくり活動は盛んに行われているのだろうか。次節では、全国に先駆けて住民管理・運営のコミュニティセンター

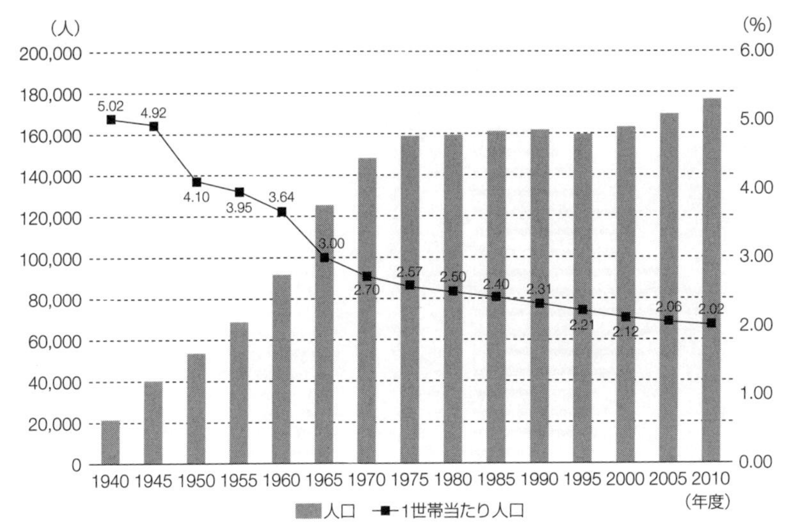

図7-3　三鷹市の総人口と１世帯当たり人口の推移
（出所）「住民基本台帳からみた三鷹市の人口」より筆者作成

を設立した東京都三鷹市の事例について考察を加える。

Ⅵ．三鷹市の事例にみる大都市近郊都市の地域活動拠点

１．三鷹市の概要

三鷹市は、都心から西へ約18㎞、面積16.42㎢で、東京都のほぼ中央に位置し、東は杉並区、世田谷区の２区に、西は小金井市、南は調布市、北は武蔵野市にそれぞれ接している。2017年（平成29年）11月１日現在の三鷹市の人口は18万6444人（9万3066世帯）。日本住宅公団による団地建設や都営住宅、民間アパートなどの増加によって、住宅公団東京近郊のベッドタウンとして発展してきた。（図7-3）。

ICTを活用した学校教育の充実や、SOHOやNPOなどの活躍が目覚ましいことも特徴で、2005年（平成17年）には「インテリジェント・コミュニティ・フォーラム」で世界インテリジェント・コミュニティのトップ１に選出されるなど、過去より先進的な取り組みを進めてきた自治体である。

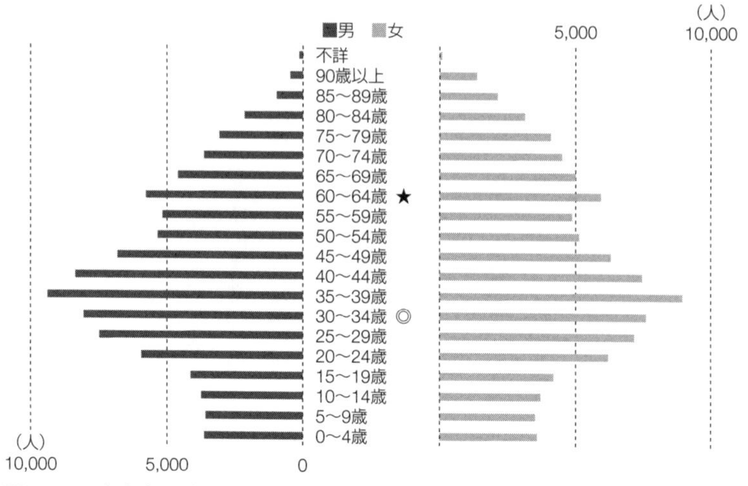

図7-4　三鷹市人口ピラミッド（2010 年度）
（注）★は団塊世代、◎は団塊ジュニア世代
（出所）三鷹市ホームページより筆者作成（年齢「不詳」を除く）

また、三鷹市政の大きな特徴は、1970 年代から始まった「市民参加と協働」の取り組みである。具体的には、公募市民で構成される住民協議会によるコミュニティ施設の管理運営、無作為抽出の市民による市民討議会「みたかまちづくりディスカッション」での意見の基本計画や諸施策への反映、「コミュニティ・スクールを基盤とした小中一貫教育」など、多様な「市民参加と協働のまちづくり」を進めている。

同市では核家族化が進行しており、1965 年（昭和 40 年）には 1 世帯あたり 3.00 人であった世帯人数は 2010 年（平成 22 年）には 2.02 人となっている（図 7-3）。そして人口ピラミッド（図 7-4）を見ると 30 歳代、40 歳代のいわゆる子育て世代が多いことがうかがえる。また、一般世帯の家族類型別割合の推移（図 7-5）では単身世帯の割合が約半分を占め、1995 年（平成 7 年）には 42.98%だったものが 2010 年（平成 22 年）には 45.95%に増加している。次いで夫婦と子どもからなる世帯の割合が多く、1995 年（平成 7 年）には 28.7%であったものが 2010 年（平成 22 年）には 24.95%に減少している。

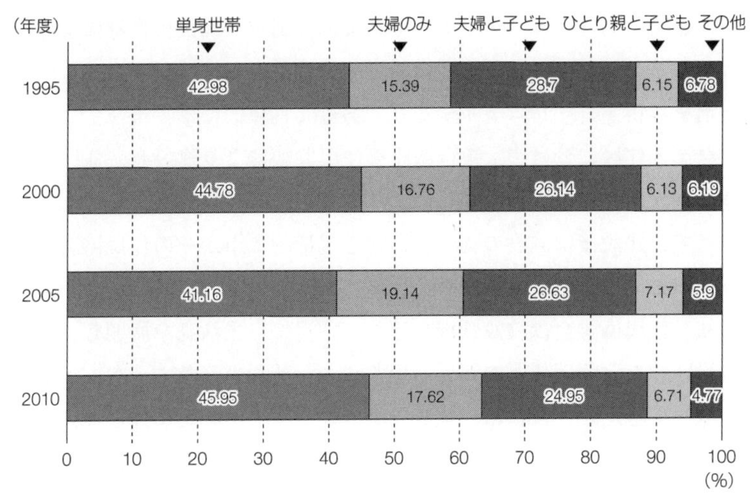

図7-5　一般世帯の家族類型別割合の推移
（出所）三鷹市ホームページより筆者作成

2．三鷹市のコミュニティ行政

三鷹市では全国に先駆けコミュニティ行政を進めるため、その拠点となるコミュニティセンターを建設し、その管理・運営を任せる住民協議会を設立した[11)]。

1970年代から自治省が推進したモデル・コミュニティとは違う独自の発想と構想により三鷹市ではコミュニティ施策が進められた（三鷹市議会史編さん委員会 2003: 110頁）。当時は、経済の高度成長期で三鷹市では団地や高層の建物が次々と建てられ、人口が急増した。学校などの施設建築も追いつかなかったという。当時、東京都は美濃部知事の時代で、「1人でも反対すれば施設はつくらない」ということで、ごみ処理場などの迷惑施設の建設が東京では全然進まないという状態にあった[12)]。そこで、住民意識を変える必要があると考えていたところ、ドイツ視察に行って出会ったのが、「地区センター」で、これがコミュニティ施策の発想の原点であるという（三鷹市議会史編さん委員会 2003: 110頁）。

三鷹市のコミュニティ行政とは、①住民参加によるコミュニティセンターの建設、②コミュニティセンター条例の制定、③住民自身によるコミュニティセンターの管理・運営の3つの特徴をもつ「三鷹方式」の市民自治を目指すコミュニティづくりである。具体的には、市を7つのコミュニティ住区に分け[13)]、複合施設を住民参加により建設し、住区内の団体や個人から選出された委員により構成される住民協議会をそれぞれ組織して、建設後は施設の管理・運営を包括的に市がその住民協議会に委託するというものであった。

当初、住民協議会は施設管理を通じて独自に自主活動を展開し、既存の地縁団体など諸団体との関係を保ちつつ、新しい祭りやイベントなどを実施してきたが、後には、地域のボランティア活動と一体となってリハビリテーション事業や給食サービス事業を実施するなど、住民と行政の協働のまちづくりを進めてきた。また、サークル活動やボランティア活動に施設を提供するだけでなく、そのメンバーがコミュニティセンターの運営に役員として関わるなど、地域に根づいた広がりのある市民自治のコミュニティを目指して活動を進めてきた。

一方では、市民参加の手法であるコミュニティカルテ、まちづくりプラン、まちづくり懇談会などの中心となって市民要望を行政につなげ、市の基本構想・基本計画、実施計画の策定に参加するなど、市民自治の確立に向けた活動を実践している。

2006年度（平成18年度）からは、地方自治法改正に伴い、各住民協議会がそれぞれのコミュニティセンターの指定管理者に指定された。施設管理を行うにあたり、それぞれが住民自治を基本としながらも、利用者層の拡大に向け創意工夫に努めている。

3.「大沢コミュニティ・センター」と大沢住民協議会

松下（2003）の主張を検証するため、三鷹市の大沢コミュニティ・センターの現状について指定管理者として施設の管理・運営をしている大沢住民協議会にヒアリング調査を行った（2017年〔平成29年〕5月21日実施）。

三鷹市の「大沢コミュニティ・センター」は1973年（昭和48年）、

日本で最初に建設され、センターを拠点にまちづくりを行う住民組織として「大沢住民協議会」が形成された。こうした形態の住民組織としては、日本で一番古い歴史をもつ団体といえる（石崎 2004）。センターの管理・運営については、行政は「金を出すが、口は出さない」ことを基本方針として地域の住民によって管理・運営された。体育館、プール、料理講習室、コミュニティホール、図書室や老人室と浴室などさまざまな機能を備えた地下1階付地上2階（床面積 3678.28㎡）の建物である。

同協議会は、「コミュニティセンターは住民管理・自主管理の組織なのだから、町内会、自治会に依拠するのはおかしい」という自治・分権・参加という理想を追い求めた。その結果、町内会等の地縁組織と切れてしまい、どんなイベントをしても人が集まらないという現象も起きていた（大本 2010: 21頁）。

この理想は、松下（1999: 87-91頁）が主張する、「都市型社会の移行につれて、都市化の深化している自治体では、町内会・地区会の加入率がへりはじめ、底抜け状態となってきたため、ようやくこの町内会・地区会の組織化というムダな課題から解放される。さらに、官治下請の『包括加入』から地域での自由な市民活動となる『選択加入』の自治会への転換は、都市型社会への移行をみた今日、当然の要請である」という指摘と同じ理念のものである。

住民協議会は、最高の議決機関である総会を筆頭に、日々の運営にかかる決定を担う役員会や運営委員会、地域の各分野の課題解決を担う様々な部会を置き運営されている。メンバーはその地域内の公募住民と各種団体、センター利用サークルの会員から選出された者である。利用者はセンター開設当初は約17万人/年だったが、現在では約5万5000人/年程度まで減っている。その理由は、①少しお金を払えば、民間の綺麗なプールやフィットネスなどがあちこちにあること、②センターの登録サークルになると、年間の会議室などは優先的に押さえられるものの、代わりに協議会の委員になるという負担があること、③高齢化のため登録サークルの数が60団体から20団体程度に減っていること、が考えられるということであった。

4．考察

利用者減少について考察してみると、いくつかの理由が浮かんでくる。同市では、2003年（平成15年）に「三鷹市市民協働センター」を開設した。同センターは、市民NPO・市民活動団体、町会・住民協議会などの活動や交流を支援するとともに、これからの市民と行政との新しい協働のあり方を考え、市民参加と協働によるまちづくりを推進する施設であるとされている。

また、2005年（平成17年）には14の教育・研究機関と市が協定を締結し、「三鷹ネットワーク大学」を開設した。その目的は、「民学産公」の協働により、教育・学習機能、研究・開発機能、窓口・ネットワーク機能を広く住民に提供し、生活・知識・経験・交流に資することである。同大学講座登録者数は、開校以来増加の一途を辿り、2009年（同21年）の約4600人から2016年（同28年）には約1万500人となっている。高度な学習支援機能、コミュニティ・ビジネスの研究・開発やNPO活動等の支援など、生涯学習のニーズに応えていることと併せて、自分の職業を通じた社会貢献をしてみたいというニーズにマッチした機能をもっていると考えられる。

そして、「1. 三鷹市の概要」で述べた人口や世帯構成からわかるように、いわゆる子育て世代は多いものの、子育て世帯が多いわけではなく、男女ともに、働く世代の単身者が多い。このことは、子ども会やPTAなど、子どもを通じて地域社会とつながる住民が少なく、ゆえに、コミュニティセンターなど、エリアを限定した地域活動拠点の利用者が減った要因であると考えられる。

これら多様な市民活動の広がりが、住区というエリアを限定した中での活動者を減らす要因になっているのであろう。

Ⅶ. 総括と今後の展望

1990年代から2000年代にかけて情報通信技術が急速に発展した。インターネットの普及により大量の情報がすぐに入手できる環境の整備が進み、携帯電話は今や生活に欠かせない通信手段となるなど、情報化は産業社会のみならず、家庭や個人のライフスタイルにも大きな変化をもたらした。また、近年、急速に広がっているソーシャルメディアの利用により、知りたい情報を広く素早く得られるようになるとともに同じ興味・関心をもつ人と知り合いになることができるようになるなど、新たなコミュニケーション手段が広がっている。

金子（2016）は、特に大都市の全体的な傾向を次のように捉えている。①個人化する粉末社会、②小家族化、③町内加入率の減少、④生活協力と共同防衛（コミュニティ機能）の劣化、⑤地域支えあい機能の劣化、⑥居住環境水準の質（アメニティ）の低下、などが等しく指摘できるとしている。「粉末社会」とは、2009年（平成21年）に金子が造語した言葉であり、個人がサラサラパラパラの状態にある粉末化により、短期的視野で非社会性が強い個人が織り成す社会を意味する。そして、それは、内閣府による時系列調査「日本人の社会意識」によって裏づけられるとしている（金子 2016: 146-148頁）。

図7-6からもわかるように、小都市および町村では、社会福祉や町内会での活動をしたいと思っている人が多いことに比して、大都市および中都市では「自分の職業を通じて」社会貢献したいという人が多い。

本章では、公民館論者の主張と松下が主張する公民館不要論について、改めて考察を行い、双方の主張が最終的には同じこと、すなわち「行政が関与するまでもなく、住民は自由に学習活動を展開し、生活課題や地域課題についても、行政がお膳立てしなくても学習し、改善点を各行政セクションに突きつけていく活動を展開していくことになるため、行政としてはそうした施設だけ用意すればよい」という趣旨のことを述べており、公民館もコミュニティセンターも小学校区あるいは中学校区などの一定のエリアの住民がさまざまな活動をするために集まり、そこから活発な地域づくり活動が生まれる場であるということを明らかにした。

しかしながら、松下の主張に見られるように、古くから住民の手でコミュニティセンターを運営し、地域づくりを進めてきた東京都三鷹市の

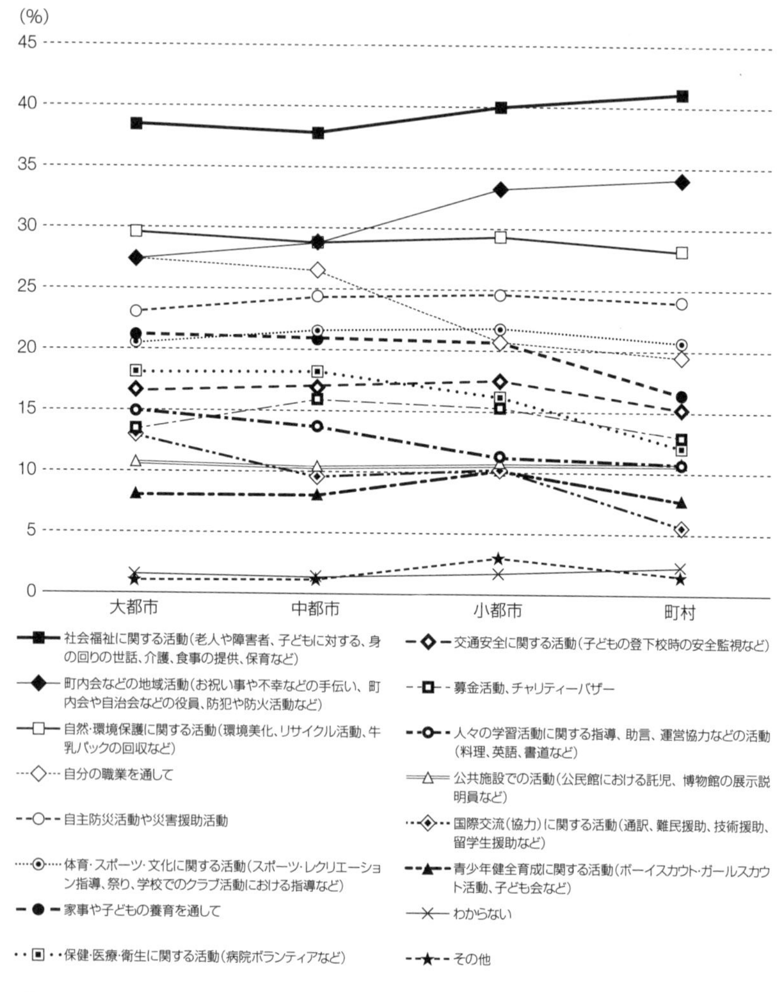

図7-6　2016年度世論調査「社会貢献したい内容」(都市の規模別)
(出所) 内閣府世論調査の結果より筆者が作成

住民協議会の事例を取り上げ、ヒアリング結果などから現実的に利用者＝地域づくり活動にかかわる人が減少しているということを示すことにより、松下が主張する公民館不要論は、現代においては成り立たないこと、ひいては同様の館である公民館も同じことが言えるということが明らかとなった。公民館やコミュニティセンターといった、ある特定のエリアを対象とする施設を利用しなくとも、住民は多様な手段で情報を得ることができ、つながることが可能となった。特に三鷹市のような大都市近郊の住宅都市においては、従来の地縁組織による活動よりもエリアを限定せず、自分の職業や得意分野を生かした社会貢献をしたいと考える人が多くなっているものと考えられる。そこから発生したネットワークにより、旧来の地縁の関係だけでなく、さまざまな社会貢献活動を繰り広げているのであろう。

また、今後増加し、大きな地域課題になることが予想される空家・空店舗。それらを地域のニーズに合わせて地域の活動拠点として活用している事例も出てきている。筆者が関わる小学校区単位のコミュニティ組織でも、地域内にある空店舗を活用し、子ども食堂や地域の人が先生となる講座、地域の人が緩やかに情報交換するラウンドテーブルの開催など、独自の活動を展開している。

さらには、今まさに猛威を奮う「新型コロナウイルス（COVID-19）」は地域住民が集まることを前提とした地域活動を困難にしている。校区単位での大規模かつ集約的なイベント開催は軒並み中止になり、コミュニティセンターや公民館の利用も大きく制限されている。

そのような状況でも、近隣住民同士は隣近所への声掛けなど小さな地域活動を続けている。また、急速に進むオンライン化の波は地域活動にも広がりを見せ、これまで集まって開催していた会議やイベントなどもオンライン開催へとシフトし、「建物」としての活動拠点の意義は薄れてきている。

時代の大きな転換点。公民館を廃止してコミュニティセンターにするということが本当に住民自治を進めることになるのか。エリアを限定した拠点施設の役割も含め、このような時代の住民の多様な活動スタイルをいかに支えていくのかをしっかりと見つめなおす必要がある。

注

1）地域の生活や暮らしを守るため、地域で暮らす人々が中心となって形成され、地域内のさまざまな関係主体が参加する協議組織が定めた地域経営の指針に基づき、地域課題の解決に向けた取組を持続的に実践する組織。

2）松下のいうコミュニティとは、基礎生活地域における市民交流の拡大によって、シビル・ミニマムの整備、さらには市民文化の成熟をめざした「市民の地域づくり」を意味するため、「組織」と「活動」という若干のニュアンスの差が生じる。

3）「コミュニティセンター」の表記については、著者によっては「コミュニティ・センター」と記述される場合があるが、本章では固有名詞以外は「コミュニティセンター」と記述する。

4）松下圭一は「政策型思考と政治」（1991: 28頁）の中で「都市型社会の成立については、ほぼその『移行』を農業人口が30%をきりはじめた段階、『成立』を農業人口が10%をきる段階とみることができる」と述べている。都市型社会に入ると、それまでの地域自給や相互扶助によるムラ共同体の生活様式から、人々の生活は国や自治体という政府の政策や制度に直接支えられる生活様式に転換する。市民革命を経て主権者となった人々は、国家統治の客体ではなく、政府をつくり出す政治の主体となる。

5）本章では、小熊（2009）のいう「一般に社会教育終焉論として呼ばれている松下の主張のうち公民館批判の部分を取り上げ、それを公民館不要論として呼ぶことにする」に従った呼び方をする。

6）本章では、「地域づくりの場としての社会教育法上の公民館は必要である」と主張する人を意味する。

7）小熊（2009）は、「成熟した」という点を「住民に対する市民性への過度の信頼」と捉えている。

8）「コミュニティ―生活の場における人間性の回復」（昭和44年9月29日国民生活審議会調査部会コミュニティ問題小委員会）179-180頁。

9）この点については、三鷹市市議会史の中でも同様の趣旨の議員の発言が散見される。

10）中川（2011）は、「地域担当職員の仕事は、いわば住民自治協議会立ち上げや、地域ビジョン策定に当たってのファシリテート、各種情報提供、行政との窓口コーディネートを行うことである」と述べている。

11）三鷹市の住民協議会とは、住区内の団体や個人から選出された委員により構成され、総務・厚生・環境・広報・文化・体育・防災などの部会をもつ。

12）2002年6月29日開催コミュニティ政策学会・研究フォーラム設立大会議事録、13頁。

13）おおむね中学校区単位である（2002年6月29日開催コミュニティ政策学会・研究フォーラム設立大会議事録、14頁より）。

参考文献

飯田研究集会（2013）「未来を拓く自治と協働のまちづくりを目指す飯田研究集会」記録

石崎明（2004）「協働するコミュニティ―東京都三鷹市大沢地区の事例から」西尾隆編『住民・コミュニティとの協働』ぎょうせい、72-92頁

伊藤守・小泉秀樹・三本松政之・似田貝香門・橋本和孝・長谷部弘・日髙昭夫・吉原直樹（2017）『コミュニティ事典』春風社

上田幸夫（2017）公民館を創る―地域に民主主義を紡ぐ学び』国土社

遠藤知恵子（1993）「日本的社会教育施設としての公民館とその今日的意義」『弘前学院大学・弘前学院短期大学紀要』29号、19-30頁。

大沢コミュニティセンター研究会（1975）「明日の大沢コミュニティーを考える」

大本圭野（2010）「自治先進都市三鷹はいかに築かれたか（上）」『東京経大学会誌』267号、247-289頁

大本圭野（2010）「自治先進都市三鷹はいかに築かれたか（下）」『東京経大学会誌』269号、21頁

小熊里実（2009）「公民館論と公民館不要論の論理的つながり―公民館研究者はなぜ公民館不要論に反論しなかったのか」『教育學雑誌』44号、117-130頁

片野親義（2015）『公民館職員の仕事―地域の未来づくりと公民館の役割』ひとなる書房

金子勇（2016）『「地方創生と消滅」の社会学―日本のコミュニティのゆくえ』ミネルヴァ書房

国立教育政策研究所 社会教育実践研究センター「平成30年度　公民館に関する基礎資料」（http://www.nier.go.jp/jissen/book/h27/pdf/k_all.pdf 2020年8月20日現在）

中川幾郎（2011）「今後の課題と展望」中川幾郎編『コミュニティ再生のための地域自治のしくみと実践』学芸出版社、171-182頁

松下圭一（1999）『自治体は変わるか』岩波新書

松下圭一（2003）『社会教育の終焉 新版』公人の友社

三鷹市議会史編さん委員会（2003）「三鷹市市議

会史」三鷹市議会
横道清孝（2009）「日本における最近のコミュニティ政策」『アップ・ツー・デートな自治関係の動きに関する 資料』No.5、自治体国際化協会・比較地方自治研究センター

執筆者紹介

守島　正
（もりしま　ただし）
［第１章］

大阪市会議員。大阪維新の会政調会長。経済産業大臣登録 中小企業診断士。同志社大学卒商学部商学科卒。大阪市立大学大学院創造都市研究科都市政策専攻修了。修士（都市政策）。大学卒業後、新日本製鐵（現：日本製鉄）株式会社を経て、大阪市会議員となり、現在は衆議院大阪府第２選挙区の支部長も兼ねる。

水上啓吾
（みずかみ　けいご）
［第２章］

大阪市立大学大学院都市経営研究科准教授。2010年東京大学大学院経済学研究科博士課程単位取得退学。博士（学術）。とっとり地域連携・総合研究センター、鳥取環境大学を経て現職。著書に『ソブリン危機の連鎖―ブラジルの金融政策』（ナカニシヤ出版）、『福祉財政』（共著、ミネルヴァ書房）などがある。

川嶋広稔
（かわしま　ひろとし）
［第３章］

大阪市会議員。関西学院大学経済学部卒。大阪市立大学大学院創造都市研究科都市政策専攻修了。修士（都市政策）。松下電器産業株式会社（現・パナソニック株式会社）元社員。

野村宗訓
（のむら　むねのり）
［第４章］

関西学院大学経済学部教授。関西学院大学経済学部卒、関西学院大学大学院経済学研究科博士課程修了、名古屋学院大学、大阪産業大学を経て現職。博士（経済学）。英国レディング大学客員研究員（1989年４月～1990年３月）、フランス・リール科学技術大学客員教授（1999年１月・2000年２月）。著書に『航空グローバル化と空港ビジネス―LCC時代の政策と戦略』、『官民連携による交通インフラ改革―PFI・PPPで拡がる新たなビジネス領域』（いずれも共著、同文舘出版）などがある。

保井美樹
（やすい　みき）
［コラム］

法政大学現代福祉学部教授。早稲田大学政治学士、ニューヨーク大学都市計画修士、東京大学博士（工学）。米Institute of Public Administration、東京市政調査会研究員、東京大学助手、London School of Economics客員研究員等を経て現職。全国エリアマネジメントネットワーク副会長、IDA（International Downtown Association）理事、都市計画学会理事等。近著に『新コモンズ論―幸せなコミュニティをつくる八つの実践』（共編著、中央大学出版部）、『孤立する都市、つながる街』（編著、日本経済新聞出版）などがある。

高萩　翼
（たかはぎ　つばさ）
［第５章］

大阪市職員。近畿大学理工学部社会環境工学科卒。学士（工学）。大阪市立大学大学院創造都市研究科都市政策専攻修了。修士（都市政策）。大阪市入庁後、水道局に配属され、配水管工事の施工監理業務を経て、浄水場施設の設計業務を担当。大阪市立大学大学院において、「2018 Master of the Year」（最優秀賞）、「平成30年度阪口賞」（最優秀論文賞）を受賞。

五石敬路
（ごいし　のりみち）
［はじめに、第６章］

編者紹介参照

畑中久代
（はたなか　ひさよ）
［第７章］

個人事業主（cocokara代表）として研修講師やファシリテーターなどを務める。兵庫県川西市役所にて地域分権推進課長、参画協働室長などを歴任し、現職。大阪市立大学大学院創造都市研究科都市政策専攻修了。修士（都市政策）。大阪市立大学都市研究プラザ特別研究員。京都女子大学法学部非常勤講師。自治体学会会員。

編者紹介

五石敬路
（ごいし　のりみち）
［はじめに、第６章］

大阪市立大学大学院都市経営研究科准教授。東京大学経済学部卒、同大学大学院経済学研究科修士課程修了。修士（経済学）。アジア開発銀行研究所、東京市政調査会を経て現職。主な著書に、『現代の貧困 ワーキングプアー雇用と福祉の連携策』（日本経済新聞出版社）、『生活困窮者支援で社会を変える』（編著、法律文化社）、『子育て支援とSDGs―現場からの実証分析と提言』（編著、明石書店）などがある。

都市経営研究叢書５

大都市制度をめぐる論点と政策検証

2020年10月30日　第1版第1刷発行

編　者――五石敬路
発行所――株式会社 日本評論社
〒170-8474 東京都豊島区南大塚3-12-4
電話 03-3987-8621（販売）-8601（編集）
https://www.nippyo.co.jp/　振替 00100-3-16
印　刷――平文社
製　本――牧製本印刷
装　幀――図工ファイブ

検印省略

ISBN978-4-535-58746-5　Printed in Japan